# 中原文化建设与对外传播研究

董召锋　王　莉　吴佳宝　著

吉林大学出版社
·长春·

**图书在版编目（CIP）数据**

中原文化建设与对外传播研究 / 董召锋，王莉，吴佳宝著.— 长春 ：吉林大学出版社，2020.5
ISBN 978-7-5692-6495-1

Ⅰ．①中… Ⅱ．①董… ②王… ③吴… Ⅲ．①地方文化—文化事业—建设—研究—河南②地方文化—文化传播—研究—河南 Ⅳ．① G127.61

中国版本图书馆 CIP 数据核字（2020）第 078294 号

书　　　名：中原文化建设与对外传播研究
ZHONGYUAN WENHUA JIANSHE YU DUIWAI CHUANBO YANJIU

作　　者：董召锋　王莉　吴佳宝　著
策划编辑：邵宇彤
责任编辑：陶　冉
责任校对：李潇潇
装帧设计：优盛文化
出版发行：吉林大学出版社
社　　址：长春市人民大街4059号
邮政编码：130021
发行电话：0431-89580028/29/21
网　　址：http://www.jlup.com.cn
电子邮箱：jdcbs@jlu.edu.cn
印　　刷：三河市华晨印务有限公司
成品尺寸：170mm×240mm　　16开
印　　张：10
字　　数：188千字
版　　次：2020年5月第1版
印　　次：2020年5月第1次
书　　号：ISBN 978-7-5692-6495-1
定　　价：45.00元

# 前　言

　　中原地区孕育和诞生了很多文化和思想，是中华文化传播和发展的源头，为中华民族精神的形成提供了坚实的力量。据考古证明，中原地区是人类出现最早也是开发最早的地方之一。约50万年前，河南境内已有人类"原始群"，其中"南召人"是较早的直立人，与"北京人"生活的时代相当。距今10万年前的"卢氏人"被公认为中国较早的智人。8万～10万年前的"许昌人"是东亚古人类演化和中国现代人类起源的重要例证。传承与创新中原文化不仅对打造富强河南、文明河南、平安河南、美丽河南发挥着重大作用，还有利于加快中原经济区建设及河南全面建成小康社会，从而早日实现"两个一百年"的奋斗目标和中华民族伟大复兴的中国梦。

　　河南是一个文化大省，正在从文化大省向着文化强省的方向努力，但是这个目标不是一下子就能实现的。推动中原文化的大发展大繁荣，要求我们在文化发展上必须实现大创新、大开放、大团结。创新之路是一条必由之路，必须坚定不移地走下去。在传承中原文化的同时，应加大对先进文化、创业文化、创新文化、和谐文化的研究，在深化改革、拉动消费、培养人才、依托科技、打造品牌、创新政策等方面实现"联动"，推动河南文化实现"跨越式发展"，又好又快发展。

　　在文化建设中坚持文化创新，就要求我们要认真总结文化建设的经验和教训，健全工作机制，改进领导方式，以更加符合文化发展规律、艺术发展规律的方式领导文化工作，不断提高领导文化建设的能力和水平，深化文化体制改革，完善扶持公益性文化事业、发展文化产业、鼓励文化创新的政策，营造有利于出精品、出人才、出效益的环境。

　　本书立足于中原文化方面的研究，由中原文化概述、中原文化中建筑文化的传承与保护、中原文化中服饰文化的建设与发展、中原文化中电影与电视纪录片的发展与探索、中原文化建设与对外传播中的文化软实力问题等几部分组成，同时还对中原文化创新建设与对外传播策略进行了分析和研究，希望能对中原文化的研究者和从业者起到一定的参考作用。本书是在《"一带一路"倡议下中原文化建设与对外传播研究》的基础上重新整理加工，对原著做了大幅度的调整，进行了大量的修改而成。虽然涉及面缩小了，但是整体框架趋于合理，更显精炼，内容更加集中。希望通过此研究，能够对相关领域的研究提供帮助。

# 目　录

# 第一章　中原文化概述

## 第一节　中原文化的概念和特点

### 一、中原文化的概念

中原文化作为一种地域文化，不仅具有一般地域文化的共同特征，还具有自己独特的含义和特征。在古代，中原地区长期以来一直是中国的政治、经济和文化中心，其区域文化形态很难与国家文化形态区分开，换句话说，中原文化和中国文化几乎是重叠的，这无疑为我们定义中原文化带来了一定的困难。

在中国早期的典籍中，"中原"一词并不是指特定的地理区域，如《诗经·小雅·吉日》云："瞻彼中原，其祁孔有。"这里的"中原"是指"原野之中"，而不指"中国中部"或黄河中下游。但在汉代以前，作为中原文化发源地的河洛一带，长期处于中国政治、文化中心的位置，而且提到"中原"的典籍多出自该地区，所以也涵盖了称此地为"中"的可能性。魏晋以后，"中原"一词所指的意义渐渐与今天相同。

《辞源》对"中原"一词的解释："狭义的中原指今河南一带。广义的中原指黄河中下游地区或整个黄河流域。"《辞海》则称中原"即中土、中州，以别于边疆地区而言。"当代中原文化研究者则指出："中原是一个以河南为主体的相对区域概念。"综合起来，关于"中原"的概念有三：第一个概念是指一个总的概念，包括整个的黄河中下游地区；第二个概念是指黄河的中游地区，包括内蒙古、陕西、山西、河南；第

1

三个概念仅指河南省。[①]

中原历史文化遗产主要是指历史时期河南的文物、建筑群和遗址、历史文化名城、历史文化保护区、风景名胜区等物质文化遗产以及传统戏曲、舞蹈、音乐、文学、工艺美术和工艺等非物质文化遗产。在这里，从狭义上将中原文化区限制在河南省，而把文化的内涵匹配为广义的，原因如下。

第一，由于广义的中原范围较大，涉及今天黄河中下游的河南省、山东省、河北省、山西省、陕西省等省份的部分地区，而这些省份又都形成了具有一定特色的、被当今社会所认可的地域文化，如齐鲁文化、燕赵文化等。这些区域文化积淀所形成的历史文化遗产与河南省内的文化遗产虽然有一定联系，但有很大的不同。若把广义的中原地区的文化都视为中原文化，那么中原文化的特征就不明显了。同时，以河南省为中心的区域是广义中原的中心地带，也是我国华夏历史文明圈的核心区域，再加上三面环山，从而形成了独具特色的地域文化底蕴，也形成了富有浓郁中原色彩的历史文化。

第二，河南是中华文明的起源地之一，历史悠久，文化积淀深厚。在新石器时代，河南人民就创造了很多世界闻名的文化，如"裴李岗文化""仰韶文化""龙山文化"，这些文化之间是一脉相承的关系，都是中华文化中不可缺少的部分。在长期的发展过程中，河南一直是我国政治、经济、军事等各个方面的重要区域，在文化的产生和发展中发挥着巨大作用。因此，河南有着深厚的历史文化遗留，其中非物质文化遗产也是非常丰富的。据统计，河南已从国有文物收藏单位中鉴定了3万多件珍贵的不动产文物、超过140万种不同类型的可移动文物，规模位居全国第一。可以看出，历史悠久的河南拥有大量的物质文化遗产，也创造了丰富的非物质文化遗产。河南是戏剧大省，有豫剧、曲剧、越调三大剧种以及蒲剧、坠剧等20多个小剧种。河南是民族民间文化大省，全省有18个全国文化先进县、16个全国民间艺术之乡、33个省文化先进县、69个民间艺术之乡和46个省民族民间文化保护工程。各种流行的文化艺术，如艺术、音乐、舞蹈、歌剧、杂技、文学和社火等各类民间文化艺术，都具有丰富的历史和文化内涵，尤其是少林功夫、太极拳、马街书会、朱仙镇木版年画在全国乃至全世界都享有很高的声誉。河南省许多古老的民俗风情和地方特色的手工艺品被传承下来，也因此被专家和学者称为"活化石"和"活文物"。例如，淮阳的"人祖庙会"和"泥泥狗"，源于唐宋时期的开封汴绣、宣和风筝、唐三彩、汝瓷、钧瓷

---

① 金开诚，王思博. 中原文化[M]. 吉林：吉林文史出版社，2010:21.

和皮影艺术等。全省共有重点风景名胜区 25 个，其中鸡公山、龙门、嵩山、王屋山、云台山这 5 个是国家级风景名胜区，还有石人山、环翠玉等 20 个省级风景名胜区，23 个自然保护区，丰富多彩的文化遗产资源为中原崛起提供了有利的条件。

因此，面对种类繁多的文化，如果我们用狭义的眼光来界定河南的文化资源，就不可能全面深入地探讨中原文化的文化积淀，也不能彰显厚重河南和文化河南的魅力，凸显不出中原在我国文明发展史中的历史地位，从而不利于河南由文化资源大省向文化强省迈进，不利于在建设中原经济区的进程中发挥其排头兵的作用。

在理解中原文化概念时，还必须注意以下几点。

首先，中原文化这一概念并不是一成不变的，它在不同时代，随着社会政治文化的发展而不断丰富和扩展着自己的内涵。换言之，中原文化这一概念在不同时代往往是不同的，不能对它做僵化的理解。比如，从"原野之中"到"中华之中"，从地理之"中"到文化之"中"，意义上有着质的不同。

其次，中原文化与河洛文化不能混为一谈。毫无疑问，河洛地区是中原地区的一部分，地域范围有重叠的地方，而且北宋以前的中原文化基本集中在河洛地区，那时的中原文化可以看作河洛文化。同时，中原文化不只来源于河洛地区，从文化精神上看，河洛文化完全可以看作中原文化的精华和中心。从整个文化存续过程来看，中原文化的地域范围显然要比河洛文化的地域范围广大得多，而且自洛阳失去政治中心地位以后，中原文化的中心就不在河洛地区了，河洛文化在宋代以后的衰落很明显。河洛文化的衰落并不意味着中原文化的衰落，中原文化的精神影响在宋代之后依然存在。从广义上看，中原文化已经容纳了河洛文化，河洛文化可看作中原文化的一部分。

最后，中原文化与中国文化有很大的重叠性。中原不仅是中国之中，中原文化也是中国文化的起点和核心。从远古时候开始，中原地区就以其独特的地理条件而催生了以农耕文明为核心的华夏文明，这正是整个中华文明的源头。在漫长的历史进程中，中原文化以其强大的辐射力不断向四方传播，它所缔造的各种文化形式对整个中国文化的发展起了积极的推动作用，并在某种程度上代表着中国传统文化。同时，中原文化所保有的基本精神直接催生和培育了中华民族的基本精神。

## 二、中原文化的构成

文化的构成是可以用多种说法来表达的，但是就中原文化的内部构成来说，我们可以通过以下几个方面进行阐释和说明。

## （一）中原物态文化

中原物态文化是一种可以看到和摸到的实体文化事物，它是中原地区生产、生活等活动方式和产品的一种总称。中原文化的物态形式繁杂多样，主要包括以下几种：①原始社会的各类遗址，如以许昌灵井文化遗址、仰韶文化遗址、龙山文化遗址为代表的原始社会各类遗址。②古王城遗址，如淮阳平粮台古城遗址、郑州商城遗址、安阳殷都遗址、隋唐洛阳城遗址、开封龙亭等。③封建衙署及其建筑遗址，如南阳府衙、内乡县衙、叶县县衙等。④宗教寺庙建筑及遗址，如洛阳白马寺、登封少林寺、开封祐国寺塔（俗称"铁塔"）、开封大相国寺、登封中岳庙、开封延庆观、洛阳龙门石窟等。⑤古代会馆与书院，如洛阳的潞泽会馆与山陕会馆、社旗的山陕会馆、开封的山陕甘会馆、登封的嵩阳书院、商丘的应天书院等。⑥各类陵墓遗址，包括帝王陵墓、官吏陵墓、名人陵墓、民间陵墓等，如淮阳的太昊陵、灵宝的铸鼎原黄帝陵、三门峡市区北面的虢国墓、新乡市的潞简王陵墓、郏县的三苏坟、洛阳龙门的白园（白居易墓）、南阳的张仲景墓、伊川的二程墓、洛阳邙山极为壮观的陵墓群等。⑦城墙建筑遗址与科学活动遗址，如商丘归德府城墙、登封观星台。⑧作为生产和生活资料而保留下来的陶器和瓷器，如开封官瓷、汝州汝瓷、禹州钧瓷。总之，中原地区丰富多彩的物态文化最直接地见证了中原文明乃至中国文明的历史进程。

## （二）中原制度文化

中原制度文化是古代中原地区的人在社会和历史实践中形成的不同社会行为规范的总称。中原地区长期以来一直是中国古代政治、经济和文化的核心地区，并拥有非常丰富的制度文化，包括政治统治思想和各种规章制度的建立。先秦中部地区兴盛的儒、道、法、墨等学术流派对制度管理和建设有着深刻而丰富的见解。例如，《礼记·乐记》所谓："致礼乐之道，举而错之，天下无难矣！"这些思想对中原乃至中国的政治实践产生了重大影响。长期以来，作为帝都所在的中原地区保存了大量的文化遗留，主要包括关于不同经典、文物和不同文化材料的制度建设思想，反映了制度建设的实践，帝都遗址和地区的遗址，等等。

## （三）中原行为文化

中原行为文化是一种习惯行为的典范，表现为人际交往中的礼貌、民间传说和风俗习惯，包括民间文化、姓氏文化、节日文化、武术文化和传说文化等。以民俗文化为例，如崇尚敬业、勤奋进取的生产劳动民俗，笃尚诗书、尊崇礼义的日常生活民俗，注重缘分、志同道合的社会组织民俗，珍时伤日、感悟人生的岁时节日民俗，"六礼"（纳采、问名、纳吉、纳征、请期、亲迎）赅备、淳雅有序的人生仪礼民俗，闲散自由、丰富多彩的游艺民俗，注重祭祀的民间观念，朴实生动、流传广泛的民间文学，等等。中原遗留下来的民风民俗是对中原悠久历史和文化的一种反映、传承和向民间渗透的最自然、最有效的表达方式。中原民俗活动及其相关的民俗具有许多显著特征，如多彩的地域文化特征，与生产方式密切相关的农业文化特征，与都邑文化相关的文化特征，与儒道文化密切相关的礼仪文化特征和家庭文化特征，等等。这些特征彰显了中原文化的独特品质和精神内涵，也是中原民间伦理、民间想象、民间记忆的特征性标志。

## 三、中原文化的特点

在发展过程中，中原文化逐渐形成了根源性、核心性、丰富性、人文性、散播性等一系列特点，并与其他区域文化区分开来。

### （一）根源性

中原文化作为中华民族文化的发源地之一，不仅是中华民族主流文化产生和培育的根本动力，还奠定了中华民族文化的原始路径。经过不断发掘和保护的中原原始文化遗产，无论物质的还是精神的，都显示出根源性的特点。例如，灵宝西坡遗址、新密新寨遗址、登封王城岗遗址、荥阳大师姑遗址和偃师二里头遗址的发掘都显示了华夏文明起源和初始结构的重要性。巩义花地嘴夏朝遗址、荥阳大师姑古城遗址、新密市新寨遗址、登封王城岗遗址和南洼遗址这五个考古项目被列为中华文明工程的起源。

### （二）核心性

中原文化是中国传统文化的重要组成部分，具有鲜明的特色。

李济先生曾经说过："从文化的角度来看，黄河流域的居民在新石器时代就取得了巨大成就。"[①] 尽管历史悠久，但古代的中原地区是华夏文明的核心，因此今天仍然保存着许多具有意义的历史文物。中原文化的核心性不仅体现在物质文化遗产中，还体现在非物质文化遗产中。

《诗经·国风》中保存了大量的中原民间歌曲，这些民歌大多坦荡率真、清新豪放，对后世文学的发展产生了积极的影响，奠定了中国文学艺术的基本精神。在非物质文化遗产中，由于传说中的人文始祖太昊伏羲在今周口淮阳一带"为龙师而龙名"，首创龙图腾，实现了上古时期多个部族的第一次大融合，从而使淮阳太昊伏羲祭典成

---

① 金开诚，王思博.中原文化 [M].吉林：吉林文史出版社，2010:36.

为首批国家非物质文化遗产。其他与帝王有关的省级非物质文化遗产如盘古神话、大禹神话传说、王莽撵刘秀传说、灵宝黄帝传说、濮阳帝舜传说等，都说明中原地区在古代文化中的中心地位。再如，我国第一部诗歌总集《诗经》中，属于今河南省境内的作品有 100 多篇，占总篇目的三分之一以上。

总体而言，中原文化处于中国文化体系的前沿和中坚地位。随着中原文化与其他文化的不断融合和交流，中原文化也在不断扩展，促进了中华文化的形成。中原文化的"大同""和谐"等核心思想已经成为中华文化的核心思想。礼义、诚实、耻辱、善良和忠诚等中原文化的核心价值观已经成为中华民族的核心价值观。长期以来，中原文化都以其文化理想引领着东方文明的进程。中原文化在精神层面建构的文化理想已成为全人类共同的文明成果。例如，天下大同的文化气度、天人合一的理念境界、尊道贵德的理性气质以及辩证的思维方式。如今，随着环境恶化、能源危机和人为灾难的频繁发生，它对我们进行思想道德建设，提升民族素质以及推进世界文明具有积极的领导作用。

历史学家李先登在《关于中国古代文明起源的若干问题》一文中指出："中原地区先进入文明，是中国古代文明的核心。该地区不断吸收着周边地区的重要文化因素，使中国古代文明不断向前发展。"[①]中原地区在地理上位于中部，即所谓的中州。同时，这种地理优势也带来了人口优势。由于古老的中原是中华文明的核心，尽管历史悠久，但至今仍保存着大量具有文明特质的历史文物。以最早的夏文化为例，一些专家认为，考古学中的河南偃师的二里头文化是商代以前的夏文化。同一时期的文化在其他地区也有发掘，如山东的岳石文化、燕山南北的夏家店下层文化、长江下游的马桥文化，以及西北地区的一些类似文化。但是，这些文化远没有二里头文化发达，这意味着它们不具备二里头文化的显要地位。尤其是，二里头丰富的青铜遗迹是其他地方的文化遗址无法企及的。再如，关于中原的艺术传承，文化中《诗经·国风》中保存了大量中原民歌。

### （三）丰富性

在各个历史时期，齐鲁、荆楚和巴蜀等历史文化与中原历史文化的交融融合，在一定程度上促进了中原文化的形成和发展，这是中原文化成为历史文化的原因之一。

从旧石器时代晚期一直到明清王朝，河南地区的文化发展链条基本没有中断过，是一部具体而微的中华文明编年史。"盘古开天""女娲造人""三皇五帝"和"河图

---

① 郑泰森. 走进河南 [M]. 北京：中国旅游出版社，2001:54.

洛书"等都是中原文化的重要内容。以河南地区为主的中原文化是中华文明的主干和根脉。

中原文化遗产的丰富性有两个主要含义：一是中原地区的文化遗存在规模、数量和品种上都处于有利地位。二是，就某一类型的文化遗存而言，中原地区在规模、数量和品种上同样处于有利地位。例如，经过多次发掘的河南偃师的二里头文化，面积达到了 3 500 平方米，从遗址中出土的各种不同材质的文物近 5 000 件。在其四周还有许多龙山、二里头和商代文化遗存。出土的文物造型美观、颜色绚丽多彩，仅单独绘制的图案就有数十种，如奇妙的太阳纹、月亮纹、星座纹等。中原文化遗产的丰富性与中原规模效应相吻合。在中国不同地区进行的古代文明发掘中，任何地区的文物或文化遗产都无法达到或超过中原地区的规模。中原文化遗产丰富而充满活力，具有强大的生命力。

总之，中原文化内涵丰富，影响深远。以裴李岗文化遗址、仰韶文化遗址、河南龙山文化遗址为代表的史前文化，以夏商周文化、汉魏文化、唐宋文化为代表的中原传统文化，以老子、庄子、墨子、韩非、李斯、刘秀、张衡、张仲景、杜甫、韩愈、白居易、李贺、李商隐、吴道子、程颢、程颐、岳飞以及李季、冯友兰、姚雪根、李准、二月河、任长霞、李文祥为代表的名人文化，以郑州二七纪念塔和纪念馆、鄂豫皖苏区首府革命博物馆、永城淮海战役陈官庄烈士陵园、确山竹沟革命纪念馆、刘邓大军渡黄河纪念馆、杨靖宇将军纪念馆、彭雪执将军纪念馆、吉鸿昌将军纪念馆、红旗渠、焦裕禄同志纪念馆等为代表的红色文化，以郑州、安阳、开封、洛阳为代表的古都文化，以白马寺、少林寺、相国寺和龙门石窟为代表的宗教文化，以嵩山、南太行、伏牛山、大别山、桐柏山、南北水调中线工程为代表的山水文化，以汴绣、汝瓷、民歌、玉雕、少林拳和豫剧为代表的非物质文化，构成了中原文化的主干，代表中原文化的主流方向。

### （四）人文性

中原文化作为中华起源文化之一，其大量的文化遗存将中原文化的气质和人文精神表达得很完美。例如，淮阳的太昊陵是"为百王先"的中华人文始祖——太昊伏羲氏定都和长眠的地方，依八卦数理兴建，作为一个规模巨大且完美的建筑艺术，其对古代中原的人文精神做出了完美的诠释和释义。中原文化遗产所表达的人文精神具有鲜明的特色。首先，中原文化中的人文关怀是基于对自然的热爱，其背景是中国传统文化中人与自然和谐相处的理念。这使其与西方人文主义传统大为不同。其次，中原文化中的人文关怀是基于人与社会的和谐交融、共生与共存基础上发展的。

### （五）散播性

中原文化是起源于中原地区的区域文化，但不能理解为存在于中原地区的文化。尽管中原的古代文化以中原地区为中心，但在文化迁移过程中它仍继续向四面八方传播，因此中原文化逐渐成为整个中华民族精神文明的见证。同时，由于战争和其他原因，古代中原的人们被迫离开了当时的生活之地，在迁移过程中，他们的文化向四面八方传播。这使具有中原文化特征的历史遗存遍布全国各地。如今在全国各地尤其是南方，以洛阳、洛河、洛水及中原文化名人、名典命名的物质文化和非物质文化遗存的数量还相当多，特别是现在遍布世界各地的客家人，作为中原人的后代，把河洛文化的因子传向了四面八方。就客家方言来说，客家人有"宁卖祖宗田，不忘祖宗言"的俗语。

总体而言，中原文化在构建整个中华文明体系中起着开创作用，并起着指引中华文化发展的作用。

## 第二节　中原文化的形成与发展

中原文化是一种基于农业文明的大陆文化。它的出现和发展与中原地区的特殊地理条件密切相关。在长期的历史发展中，以农业文明为纽带的中原文化长期以来一直主导着中国文化的发展。明清以后，由于中原政治经济核心地位的丧失和长江以南城市经济的繁荣，中原文化的发展和更新相对较慢，但其基本精神不断影响着中华文化的发展。

### 一、农耕文明孕育中原文化精神

中原文化的形成与中原地区的特殊地理特征和气候条件密切相关。古代的中原地区有大量的冲积平原，土地肥沃、气候湿润，这些都有利于农业文明的发展。《史记·五帝本纪》载："轩辕乃修德振兵，治五气，艺五种，抚万民，度四方。"说明人文始祖黄帝就善于根据中原地区的气候条件来耕种五谷、开荒拓地、造福四方。南宋罗泌《路史》又称：黄帝命羲和占日，尚仪占月，车区占风，隶首定数，伶伦造律，大挠正甲子。正是人文始祖这种因地制宜、审时度势、导引文明的行为，才为中原文化崇尚吃苦耐劳和勤俭奉献、注重温柔敦厚与和而不流等民族精神奠定了基础，并深刻地影响了中原文化和以其为主要因子的中华民族精神在后世的延续发展。与黄帝一样，中原地区的另一位首领炎帝神农氏对中原乃至中国农业文明也做出了巨大的贡献，传说中，他发明了农业工具，提高了人们征服自然的能力；他教会了人们开展种植业，开创了更加实用和可靠的生存方式；他教会人们烧制饭菜，开创了熟食时代，提高了人们的生存能力；他遍尝百草，发明医药和针灸之术，提高了人们抵御疾病的能力；他发明琴瑟之类的乐器，丰富了人们的精神生活；等等。中原文化作为中华民族的源流文化，是中华民族精神的集中表达。中原文化本质上是一种以农业文明为核心的文化，这种农业文明对中华民族精神个性的形成产生了重要影响，如中华民族精神里的中和精神、仁爱精神、情义精神、忠恕精神、重功精神、勤俭精神、廉洁精神、自强精神等，几乎无一不与中原农业文明的影响有关。受特定的农业生产方式的影响，中原文化对待自然和人文的基本态度是在天、人相分基础上的天人和合，这与中华民族崇尚的天人合一精神也是一致的。中原文化的精神作为中华民族精神的影响因子之一，在整体上呈现出一种和谐、辩证的色彩。中原文化有着尚事功的致用精神，主要包括以精神导向为主旨的文化致用和以物质开掘为主旨的事功致用两个方面。以上这些中原文化精神对中华民族精神个性的形成起到了培育导引、促进提升、创新发展等多重作用。

## 二、中原文化形成与发展的历史线索

从历史记录来看，早在新石器时代，中原文化的核心区域就已出现。例如，裴李岗文化和磁山诸文化反映了新石器时代早期的文化面貌。这些文化遗址的形制已很完整。从生产工具上看，在裴李岗遗址发现的大多数石器已从打制石器转变为磨制石器，反映了中原地区古老的农业文明。新石器时代中期出现的仰韶文化是当时中原文化的典型形态，其中已有城址出现。但是，这一时期最引人注目的是制陶技术的发明，特别是彩陶技术的发展水平是中原文化成熟的标志。新石器时代晚期的龙山文化将新石器时代的中原文化推向了高峰，城址越来越多，农业生产和日常生活工具更加丰富。在龙山文化遗址中已发现了青铜工具，这表明当时生产工具的进步和社会文明程度的提升。

从夏、商、周时期开始，中原文化全面展开。夏代二里头文化的出现、殷商的甲骨文和金文的出现、西周时期青铜器的繁荣、周代礼仪制度的建立和完善以及周文王拘而演的《周易》，都强化了中原文化的地位。

春秋战国时代是中国文化的轴心时代，也是中原文化的轴心时代。这一时期出现了诸子百家争鸣的局面。中原地区作为百家学说的交汇之地，出现了前所未有的高度繁荣，道家、儒家、法家、墨家、纵横家、杂家等重要学术派别或在这里产生和壮大，或在这里传播和发展，出现了老子、庄子、墨子、韩非、苏秦等一大批中原思想家。在这一时期，中原文化的思想基础得以确立，人文根基得以强固，政治、哲学、艺术、法律、伦理、名辩等不同领域都取得了巨大的思想成果。中原文化在自身繁荣和深化的同时，对整个中华文化起到了奠基和导引作用。

秦汉时期，政治上高度统一，封建政治文化得以全面确立。其中，中原思想家贾谊鉴于秦朝的暴政，积极推动西汉政治制度的建设，其最突出的想法是推行民本政治。在秦汉时期，中原地区的艺术和技术也取得了一定的成就。其中，李斯和贾谊的政论散文成就斐然。张衡是一位著名的诗人和作家，也是一位杰出的科学家。他亲手制作了候风地动仪和浑天仪。其中，地动仪被认为是世界上测量地震方位的最早工具。东汉末年，蔡邕在书法、音乐和文学方面都有突出的贡献。

魏晋时代是中国文化也是中原文化的思想大解放时代，文化自省成为时代潮流。魏晋玄学的思想源流、基本义理、重要命题和代表人物都与中原文化有着密不可分的关系，其首倡者何晏为中原思想家，而其谈论的对象，即所谓的"三玄"（《周易》《老子》和《庄子》）也都是中原文化典籍。与玄学思潮相呼应的"竹林七贤"主要活动于洛阳和山阳（今焦作市东）一带，其中的阮籍、山涛、阮咸、向秀都是中原人士，他们不拘礼法、超然潇洒的生活和创作态度带动了中国文化的自省。魏晋时期道教和佛教都得到了长足的发展，并成为中原文化新的思想资源，丰富了人们的精神生活。在这种思想背景下，毛惠远的花鸟画、成公绥的书法及其理论等，则代表了当时中原艺术文化的成就。

晋代文化在很大程度上依赖于老庄哲学，因此儒家文化的发展相对较弱。在隋唐时期，统治者重新引入了儒家文化，儒家思想和在晋代战乱中走向衰落的中原文化和礼仪文化得到了全面的恢复和发展。儒教、道教和佛教在中原地区互渗共融，合流共振，对隋唐时期的社会稳定和社会繁荣起到了积极作用。唐代诗歌艺术高度发达，中原地区出现了许多著名的诗人，如杜甫、白居易、韩愈、刘禹锡、李贺、李商隐、元稹。隋唐时期的书画艺术也达到了很高的水平，中原地区的吴道子、孙过庭等都是当时的名家，对中国书画的繁荣发展起到了积极作用。

在宋朝，统治者采取了相对宽松的文化政策，中原文化继续蓬勃发展，达到了高度繁荣，这是中原文化的鼎盛时期。由于统治者倡导私学，书院文化兴起。北宋四大书院中有两个在中原地区，即应天书院和嵩阳书院，后者是北宋代儒学重要的传播场所，许多大儒学家如范仲淹、司马光等都曾在此讲学。宋代中原文化最大的思想成果就是理学的产生，这是一种旨在将儒学义理化的思想运动，其中中原思想家程颢、程颐为其重要的奠基人。宋代中原艺术文化也有很大成就，如岳飞的词，郭熙、李唐的山水画，等等。北宋时期，以宋都汴梁为核心，各种市井文化形式全面繁荣，从《清明上河图》中便可观其盛况。

北宋以后，随着南宋政治文化中心向南迁移，中原文化开始衰落，发展和更新较慢。金元以后，中原文化虽然发展缓慢，但所包含的优秀品质得到了有效保留和传递，如统治者对中原人诚信忠君品性的肯定。在元朝统治者的观念中，中原仍然是其帝国统治的核心之一。《元史·王约传》载集贤大学士王约语云："高丽去京师四千里，地瘠民贫，夷俗杂尚，非中原比，万一梗化，疲力治之，非幸事也，不如守祖宗旧制。"同时，在元朝统治者那里，中原文化的政治伦理仍然是用于征服异族的重要手段。一些统治者甚至说："今吾生中原，读书国学，而可不知大义乎？"可以说，元代统治者出于政治统治的需要，汲取了中原文化的很多政治道德观念，而少数民族的汉化也为衰落的中原文化注入了新的活力。

明清时期，随着中原政治经济核心地位的丧失，中原文化的衰落是不可阻挡的，但由于长久的积淀，中原文化仍然是统治阶级不可忽视的思想资源。这表明，尽管中原地区不再是中国的政治和经济中心，但中原文化在整个中国文化中的地位仍然很重要。清朝时期，统治者虽竭力想把以中原文化为价值核心的汉文化纳入自身的价值体系，但并未改变中原制度文化和精神文化对社会发展的重要影响。

中华人民共和国成立后，中原文化开始复兴。一方面，它继承了优良的历史传统；另一方面，又吸收了新的时代内容。

# 第三节　中原文化遗产的当代价值

中原文化以其先进性、核心性和包容性等特点，为中国文化的整体发展和中国社会文明的演进做出了重要贡献，在我国当代社会文明建设中仍然具有积极的意义。挖掘中原文化遗产的当代价值和阐明中原文化遗产的现实意义，不仅是保持中原文化历史连续性的基本要求，还是推动中原文化崛起和丰富、发展中华民族精神的重要环节。下面将从文化遗产的角度论述中原物质文化遗产和中原非物质文化遗产及其意义。

## 一、中原物质文化遗产及其意义

所谓的中原物质文化遗产，实际上就是以中原地区遗留下来的物质形式为标志的文化遗产，是指中原人民在与自然的斗争中使用的所有物质手段。它包括生产工具、科学技术及其应用、生活资料、精神生活的物质条件等。中原物质文化遗产有很多独特的地方，如丰富性、先进性、及时性、技术性、审美性等，具有很强的现实意义。

### （一）确证古代中原文明的历史基础

各种中原物质文化遗产直观、形象地展示了古代中原地区的社会经济发展水平和科学技术成就，因而成为确证古代中原文明最重要的历史基础。例如，登封市告成镇周公祠后院，有始建于至元十三年（1276年）的登封嵩山观星台，被誉为"中国现存最早的天文台"。它在中原天文史、建筑史、中华民族科技发展史，乃至世界科技史上都有很高的价值。再如，位于嵩山南麓的中岳庙，既是古代祭祀太室山神的场所，也是中国古代重要的道教宫观建筑之一。这些都是中原古代文明最好的历史见证。

### （二）传达中原文化精神的有效方法

心理学研究表明，人们对外部信息的接受主要是通过视觉形式实现的，而物质文化遗产绝大多数都具有视觉化的特征。中原物质文化遗产的视觉特征使其在确证中原文化精神方面特别重要。首先，中原物质文化遗产是古人留给我们的具体可感、有形有色的东西，其中相当大一部分浓缩了某个时代的精华，它证明了古代社会某个时期的社会文明程度。其次，中原物质文化遗产能最清晰地展示古代中原人的聪明才智和创造精神。再次，中原物质文化遗产能通过物质材料表达某个时代的思想意识和精神风貌，因而能展示出中原文化精神乃至整个中华民族精神的特质。这对我们今天创造更大的社会物质财富和精神财富无疑能够起到积极的推动作用。

### （三）进行爱国主义教育和增强民族自豪感的最佳教材

河南省目前已发现一千多处新石器时代遗址，这表明早在原始社会晚期，中原大地就已经高度繁荣。了解和保护这些中原物质文化遗产可以增强人们的历史认同感和民族自豪感，有利于巩固社会文化力量，对开展爱国主义教育具有积极意义。首先，许多可以见证华夏悠久历史和文明的物质遗产，如濮阳华夏第一龙、仰韶文化遗址及其出土文物、安阳殷墟遗址，可以增强广大青少年对华夏文明的感知和理解，激发他们的爱国情怀。其次，许多保存相对完好或加以修缮的古代科技成果，如周公观星台遗址及众多保存在各类博物馆的古代科技产品，能强化广大青少年的民族自信心和民族自豪感。再次，大量以物质形式得以保存的中原古代文化艺术作品，能针对广大青少年开展艺术文化教育，达到陶冶性情、提升境界的作用。最后，广泛分布于中原各地的古代名人遗址，如伊川邵雍墓、汤阴岳飞庙、巩义杜甫故里、洛阳龙门白居易墓园、南阳张衡墓与医圣（张仲景）祠等，能为广大青少年提供道德、科技、审美方面的垂范教育，有助于他们品格的提升和进取意识的加强。

### （四）丰富现代人精神生活的厚重素材

作为器物文化得以保存的洛阳唐三彩、禹州钧瓷等物质文化遗产生动地展现了中原文化乃至整个中华民族文化独特的艺术感悟力和审美创造精神，因而成为丰富现代人精神生活的厚重素材。例如，洛阳唐三彩造型丰富、色彩明丽，无疑是中华陶瓷的精华和中华艺术的瑰宝。再如，南阳汉画像石以数量众多、内容丰富、题材广泛、风格粗放而著称，又以浑朴幽深的文化内涵和夺人心魄的艺术感染力吸引着当代人的视线。

### （五）开发旅游资源，振兴地方经济的有效手段

由于中原物质文化遗产具有直观和形象性的特征，因此常常成为人们旅游的一个目的地。例如，位于龙门西山中段的洛阳龙门奉先寺摩崖造像举世闻名。再如，现今的内乡县，保存有最完整的清代县级官署衙门，被称为"天下第一衙"。这些物质文化遗产不仅给人们带来了巨大的精神享受，还给当地带来了丰厚的经济收入。

## 二、中原非物质文化遗产及其意义

所谓非物质文化遗产，按照联合国教科文组织的标准名称，是指各民族人民世代相传的各种传统文化表现形式和承载空间。

中华民族具有非常丰富的精神和文化资源，特别是古代中原地区。作为中华民族的发祥地，在漫长的历史发展过程中，其积累的精神文化资源极为丰富，如文学艺术遗产、美学文化遗产、伦理文化遗产等，我们必须注意吸收积极的因素，识别和扬弃中原文化中不好的精神遗产，并将其作为振奋民族精神和构建和谐社会的重要手段。中原非物质文化遗产（精神遗产）内容丰富，几乎涵盖了联合国教科文组织公布的《保护非物质文化遗产公约》所涉及的各项内容，包括口头传说和表达方式，如古帝传说、神话传说、宗教传说等；表演艺术，如曲艺、戏曲、民间舞蹈等；社会风俗、礼仪、节庆，如太昊陵人祖祭典、马街书会、九九（重阳）节等；有关自然界和宇宙的知识和实践，如八卦文化等；传统的手工艺技能，如钧瓷工艺、杜康酒酿造工艺、玉雕工艺等。

中原非物质文化遗产具有长期的、区域的、流行的、富裕的、特色的、人文的和发展的特点。保护中原非物质文化遗产也是从某种意义上保护中华民族整个非物质文化遗产，其基本意义如下。

**（一）见证中华民族精神的光辉历史和维护中国文化身份的根本基础**

中原地区留下的丰富的非物质文化遗产包括文学、艺术、习俗和手工艺等，在不同时期不同程度地凝聚了中原文化发展的时代精神，见证了中华民族精神的辉煌历史。例如，中原历史史料记载的古代帝王神话传说反映了中原先民自古以来就有的那种自强不息的精神。再如，音乐、戏曲、杂技、说唱等艺术也展现了中原文化的丰富内涵和深厚的文化底蕴。因此，中原地区丰富的非物质文化遗产是中华民族精神的最好证明。同时，这些丰富的非物质文化遗产也以其独特的个性特征确立和维护着中华民族的文化身份，并成为维护中国文化主权的基本依据。

**（二）传承民族精神的途径**

中原地区大多数丰富的非物质文化遗产最能体现中华民族精神的精髓。通过这些丰富的非物质文化遗产，我们可以清楚地看到，从古代到现在，这些民族精神代代相传，传承至今。中原非物质文化遗产中的花木兰传奇、舜帝传奇等诸多内容被列入首批国家非物质文化遗产名录，生动地体现了中华民族勤劳、创新、保家卫国的民族精神，并且通过豫剧、曲剧等非物质文化形式深深印在中原乃至全国人民的心中，成为新时期激励人们奋发图强、艰苦创业的精神动力。

**（三）连接民族情感的纽带与维系国家统一的基础**

中原地区丰富的非物质文化遗产是所有炎黄子孙的共同财富。从历史上看，它与其他地区的非物质文化遗产一起培育了中华民族的伟大精神。这种民族精神成为联结民族感情的纽带，成为维护民族团结的基础。例如，豫剧、少林功夫等受到我国港澳台地区和海外华人的广泛欢迎，成为世界各国人民喜爱的对象。通过这些文化形式开展的交流活动增进了各地人民之间的友谊，加深了民族感情，成为维护国家统一的基础和动力。

**（四）落实"五位一体"建设与构建和谐社会的要求**

积极促进对中原非物质文化遗产的保护，并将这些文化资源用于开展爱国主义教育，有利于促进中原乃至全国和谐文化的建设。它可以丰富人们的精神文化生活，促进和谐人际关系的形成，为构建社会主义和谐社会营造良好的文化环境。非物质文化遗产致力提升人们的精神境界。因此，只有不断注入新的活力，紧密结合时代精神，在"五位一体"建设的指导下，非物质文化遗产才能焕发生机与活力。近年来，中原地区为此做出了很多努力。清明上河园的修建、《风中少林》的创作以及一系列融合了时代精神的戏剧节目的推出，在凝聚民族情感、促进民族团结、鼓舞民族精神、维护民族团结和建设社会主义和谐社会方面发挥了积极的指导作用。

### （五）国际社会文明对话的必然要求

杜维明在《文明的冲突与对话》一书中说："在很早的时候，古典的儒家思想就把人的多元多样做了展示。人是一个感性的动物，天地万物人为贵，因为他最灵，最有感性。这种感性可以通过人与人之间的共鸣来展示。人与人之间可以共鸣，人可以跟自然、生物、无生物共鸣，即使是无限遥远的星球跟我们也有感情的联系。这种感性的情在传统中国的思想中就是诗教、乐教，使人成为一个美学的动物。"[①]中原的许多非物质文化遗产都以感性、艺术和美学的形式出现，因此可以为国际社会上的文明对话提供有效的途径。近年来，一大批海外人来中原地区学习，有些是出于对中原传统文化的热爱，有些是为了加强世界各国之间的文化交流和促进全人类社会的和平发展。正如杜维明所说，随着世界融合和互动进程的加速，世界就像一个大的蜘蛛网一样，全球互动也越来越明显。在这种情况下，中原地区丰富的非物质文化遗产在很大程度上可以代表中华民族的生存历史，已经成为国际社会文明对话的必然要求。

# 第四节　中原文化的地位及影响

研究表明，中原文化一直指导着华夏文明的方向和中华文化的发展方向。例如，都城文化，青铜文化，甲骨文化，道、法、佛教等思想文化，都以河南为中心向外发散。老庄哲学、汉代经学、魏晋玄学、宋明理学、易学文化等都诞生于中原地区。中原文化在北宋以前作为中华民族的主流文化，其物质财富、精神遗产和制度准则，通过文化融合和文化传播，彻底突破了中原地域的局限，成为中国历史文明的支柱和重要组成部分。因此，中原文化是中国历史文明的主要部分，在中国历史乃至全世界都有着重要地位。

## 一、中原文化孕育了中国文明的形成

古代中原地区凭借优越的自然条件，很早就有了先进的生产方式。而在这里繁衍生息的华夏民族所缔造的华夏文明，后来也成了中国文明的核心与主体。大量的考古资料表明，早在新石器时代，这里就有了极为先进的生产技术和丰富的器物创造活动，并最终成为中国文明诞生的历史摇篮。例如，在舞阳县北舞渡镇发现的贾湖遗

---

① 王保国．中原文化遗产及其当代价值 [N]．中国文化报，2008-6-28（3）．

址，释光测年结果显示其距今约 9 000～7 500 年。另外，发现有新石器时代的各类遗址，如房址、陶窑、墓葬、壕沟、坑等，出土的陶、石、骨等各种质料的遗物有数千件之多。特别是出土的七声音阶骨笛，被认为是世界上年代最早、保存最完整的骨笛；出土的原始形态的栽培粳稻和家养动物骨骼使人们想到当时种植业和养殖业的发达状况。此外，新石器时代的裴李岗文化、仰韶文化、龙山文化等，以及这些原始文化出土的大量遗物，证明了在古老的新石器时代，中原地区就有了高度发达的社会文明，并通过夏、商、周三代的继承和发展，催生并导引了中国文明的形成和发展。

关于中原文化在整个中华文明中的地位和作用，严文明曾指出："中国的古代文化就像一个重瓣花朵，中原是花心，周围的各文化中心好比是里圈花瓣，再外围的一些文化中心则是外圈花瓣。这种重瓣花朵式的结构既是一种超稳定的结构，又是充满活力的结构。中国文明延绵千年不倒的原因，是与这种多元一体的重瓣花朵式的文化结构与民族结构的形成与发展分不开的。"① 下面，我们以中原史前文化遗址为例，分析中原文化为何是华夏文明的载体。

中华文明的发祥地之一是黄河流域的中原一带。1978 年 9 月，河南省南召县云阳镇发现了 40 万～50 万年前的"南召猿人"的右下第二前臼齿化石，大致相当于"北京人"的时代。到目前为止，在我国已发掘的近 100 处重要旧石器遗址中，除上述之外，中原地区还分布着河南三门峡惠兴镇、安阳小南海等遗址。在河南多地，也发现了旧石器时代的石器和动物化石。这些旧石器时代的遗迹对探索中国的人类起源问题是非常重要的。许昌灵井出土的细石器是中原地区的中石器时代遗存。许昌人的发现表明，最接近现代人类的早期人类在这里繁衍生息。除了新石器时代遗址新郑裴李岗外，在河南的密县、登封、巩义市（旧称巩县）、长葛、中牟、郑州、尉氏、项城、潢川等地，还有 40 或 50 个类似的文化遗址。这类遗址出土的石磨盘、石磨棒、两端圆刃的长条形石铲、带锯齿刃石镰，以及陶器中的小口双耳圈底壶、大口深腹罐、圜底钵、三足钵、椭圆形碗、假圈足碗和瓢形器等，显示了这种文化的独特风格。另外，还存在少量的打制石器，陶器全都是手工制作的，它的胎质非常脆弱，表明了早期新石器时代文化的特征。裴李岗文化之后，仰韶文化出现在中原地区。仰韶文化最早于 1921 年在河南省渑池仰韶村被发现。河南龙山文化是直接继承仰韶文化而发展起来的。如上所述，自旧石器时代以来，人类一直活跃在黄河流域的中原地区。到裴李岗文化时代，已经形成了以农业为基础的定居

---

① 徐光春 . 中原文化与中原崛起 [M]. 郑州：河南人民出版社，2007：12.

点。仰韶文化和龙山文化的农业经济日益巩固，居民点不断扩大，分布广泛，构成了中原文化的主体。

当然，中原文明的发生和发展并不是孤立的。自龙山文化时代以来，长江流域中下游已经达到了相似的发展水平，有些地方甚至超过了中原地区。例如，湖北天门石家河发现的城址，其规模远大于龙山城址。从夏、商、周时期开始，中原地区的中心地位日益突出，但周围仍然有许多地方创造了自己独特的文化。这些文化中有许多是从夏、商、周文明中继承而来的，中原文化中的许多因素也影响了周围地区的文化发展，这就形成了一个非常复杂的复合体。在这个复合体中，中原地区一直发挥着领导作用。

## 二、中原文化在中国文化的发展中占主导地位

中原文化作为中华文化的核心之一，在中华民族的历史发展中发挥了根本性的作用，指导着中华民族精神的形成和发展。

从历史实践的角度来看，中原文化不但具有悠久的历史和较高的文明程度，而且在其长期的发展过程中具有强大的向心力，并通过强大的政治影响力向外扩展和传播。它对周围的文化具有持续的影响，同时通过不断吸收周围的文化使自身得到了增强。在此过程中，中原文化一直处于主导地位。可以说，中原文化是中国传统文化的本土和骨干。换句话说，整个中国传统文化在很大程度上吸收了中原文化，并吸收和融合了其他文化。不可否认的是，由于中国不同地区的自然环境不同，古代形成了许多不同的区域文化。这些不同的区域文化具有各自独立的价值体系和意识形态追求，并不都与中原文化相关。但是，许多历史事实表明，在许多情况下，中原文化的主导地位是毋庸置疑的。

中国梦的实现是社会制度的一个复杂项目。我们必须坚持以人为本的科学观念，促进包容、协调和可持续的社会发展。实现中国梦不仅在于经济的迅猛发展及中国硬实力的崛起，还需要思想和精神力量等软实力的提升。硬实力通常是指物质动力，包括经济规模、技术水平和能源状况等。软实力也称为精神力，是指一个国家或地区的社会凝聚力、文化和意识形态的吸引力与传播力。软实力主要包括中国人民在追求财富、创造价值、促进生产力发展的过程中所形成的思想观念、价值体系和心理意识，它包含了一系列相关的精神，包括抓住机遇、加快发展的精神，解放思想和与时俱进的创新精神，立党为公、执政为民的人本精神，奋发向上、艰苦奋斗的精神，无所畏惧的冒险精神，自力更生、自强不息的精神，等等。中原文化所体现的是重要的软实力。因此，在实现中原崛起的过程中，必须重视中原文化所体现的中原精神，为实现中国梦提供智力支持和精神动力。

### 三、中原文化引领了中华民族精神

文化的形成和发展基于它所具有的基本精神，历史上的每种文化都有其特定的精神倾向。中原文化的基本精神形成于古代中原地区高度发达的农业文明，它是中原文化的个性所在，在整个中华民族的精神史上具有奠基性与核心性的意义。农业文明强调人与自然之间的和谐共处。受其影响，中原文化从一开始就集中了阴阳五行学说的理论，形成了辩证和谐的文化精神。后来，随着中原文化的不断扩展和深化，它逐渐渗透到中原文化的各个方面，并实现了天人合一的中庸之道。在此基础上，中原文化还从以下几个方面指导了中华民族精神的形成和发展。

**（一）自强自立的精神**

面对严峻的自然环境，在辩证、和谐理念的指导下，中原文化培养了自力更生、开拓创新的精神。中原文化表现出一种要生存、繁衍和定居，就必须创新和发展的精神。在长期的历史实践中，中原逐渐形成了一种不屈不挠、顽强奋进的精神。这使他们不再安于现状，而是意识到只有不断奋斗才能实现和平、繁荣。

**（二）崇文重教的精神**

自力更生必须基于国家的繁荣和昌盛，而国家的强盛取决于科学和文化的普及。因此，中原文化逐渐形成了崇文重教的传统。中原地区是中华文明的发源地。《国语·郑语》说："商契能和合五教，以保于百姓者也。"实际上，中原文化一直以来将风伦教化视为治理国家、稳定社会、造福人民的重要战略和根本方法。

**（三）重功致用精神**

中原文化立足于对民生的看重，还形成了重功致用的精神。《管子·牧民》云："仓廪实而知礼节，衣食足而知荣辱。"中原思想家长期以来崇尚的是辩证统一的物质文明和精神文明观。对中原文化精神的基本理解是经世致用。经世致用包括两个部分：一个是以精神取向为主要目的的文化应用；另一个是以物质研究为主要目的的功能应用。其涉及精神文化的方向和物质文化中的精神追求，具体来说，它包括道德应用、法律应用、艺术应用和宗教应用等多个层面。

**（四）勤俭节约的精神**

农业文明的发展是以艰苦的工作为前提的，因此勤俭节约是中原文化持续的关键素质。 勤就是勤奋，俭就是节俭。人如果不勤奋，一切都会丢失；如果不迈开脚，就会失去一切。 勤俭节约是治国的基础，勤奋是国家发展的基础。《尚书·大禹谟》讲："克勤于邦，克俭于家。"中原文化的勤俭精神更主要的是立足于中原社会稳定发展的需要，如《周易·否》里所谓："君子以俭德辟难"。从社会实践上看，从古代皇帝的传说到大量著名的历史人物，再到中原百姓，勤奋是人们的优良素质。

中原文化在塑造中华民族精神方面发挥了重要作用。不管是像愚公移山这样的鼓舞人心的神话，还是诸如岳飞、花木兰之类的爱国主义故事，都是中华民族极为宝贵的精神财富，它们今天仍然为我们提供了强大的精神支持。特别是在国家生存的关键时刻，这种精神已成为维持整个国家的强大力量。中原文化以其丰富性和完整性为中国的经济和社会发展提供了不竭的智力支持。

中原文化所固有的向心力在促进伟大的民族复兴中起着聚合作用。中原文化是中华文明的主要文化，是广泛吸收多个民族的优良传统而形成的。团结、和谐与爱国统一一直是中原文化的主题。中原文化作为中华民族的根基文化，长期以来一直是中国人的精神支柱。一个人无论身在何处，都有"想回家看看"的心理愿望。新郑黄帝故里拜祖大典和周口中华姓氏文化节的成功举办生动地展示了中原文化特有的历史感和时空渗透感。历史也反复证明，无论中华民族的发展历程如何曲折，保持团结和追求团结的历史进程从未改变。

中原文化是中华民族文化的重要来源和组成部分，其根本精神也是中华民族精神的重要组成部分。从内容上看，中原文化实质上是一种以农业文明为核心的文化，对中华民族的精神人格形成具有重要影响。中原文化在塑造中华民族个性方面发挥了重要作用。中原文化在中华民族精神形成和发展中起着不可替代的作用。

## 四、中原文化丰富了世界文化的资源

中原文化对世界文化的重要性不容忽视，特别是随着中国在世界范围内地位的提高和各种友好往来的增长，其普遍意义日益明显。正如一些评论员所说："很长一段时间以来，中原文化以其文化理想指导着东方文明的进程。近年来，中原文化的文化理想甚至已经远远超出了西方文明，并且充满了美妙的文化之美。《马可·波罗游记》对当时和谐的东方国度的赞誉，至今还为人们称道。""秦汉以来，中原文化主要是通过陆路交通向东向西广泛传播的，不仅影响了朝鲜、日本的古代文明，还开辟了延续千年的丝绸之路。班超出使西域、玄奘西天取经、鉴真东渡扶桑等历史记载，都书写了中原文明传播的壮丽画卷。从北宋开始，中原文化凭借当时最发达的航海技术，远播南亚、非洲各国，也开辟了世界文明海路传播的新纪元。"①

---

① 　徐光春.中原文化与中原崛起[M].郑州：河南人民出版社,2007.

# 第二章　中原文化中建筑文化的传承与保护

## 第一节　中原地域建筑的特征分析

### 一、文化建构

彼得·布查恩依据"耗散结构"理论提出："自然的演变则是反熵的，不断衍生出更高一级水准的秩序，任何有活力的人类文化也是如此。"[1] 仅当建筑物的内部结构系统开放时，其开发机制才能连续接收能量和信息，以补偿或克服系统内部产生的混乱，并减少熵的增加以保持其稳定性。稳定性是发展的先决条件，但系统的发展方向尚不确定。这取决于系统吸收负熵以排除正熵的能力，这种能力有赖于文化建构过程中的各个环节（图 2-1）。如果说"成长是增加的过程，而发展意味着结构的改变。"一种风格的建筑从完美走向衰落，被新的风格所替代，不是某些人所决定的，而是文化建构的动态演变的必然趋势（图 2-2）。这就促使建筑秩序朝着获得更大的涵括性和适应性的目的演进。

---

[1]　邹德侬．中国现代建筑论集 [M]．北京：中国机械工业出版社，2002．

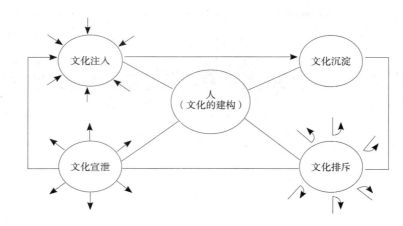

图 2-1　文化建构关系图示

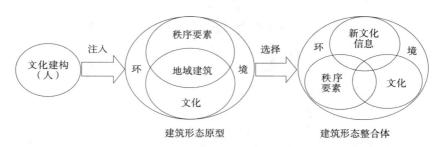

建筑形态原型　　　　建筑形态整合体

图 2-2　建筑秩序发展的机制

## （一）建筑设计与文化思维

对于区域建筑文化的研究，大多数是针对建筑本身的，其通常会绕过建筑创建者（即建造者或建筑师）的设计过程。建筑师的设计思想所反映出的文化影响力和文化精神是区域建筑文化发展的主要动力。

因为文化的基本特征在于思考，所以人类发展的各种形式的文化都是"人类"本身的产物，从生物学的角度来看，文化是人脑的产物；从哲学的角度来看，文化是人类主动性的产物。正如阿根廷作家胡里奥·科塔萨尔所述："我们称之为文化的东西，基本上只是我们的特性的顽强存在和表现而已。"①

对于建筑师而言，文化因素，如他们使用的语言、文化环境、知识结构、认知结构、个人经验和个性对他们的创作机制都有着深远的影响。建筑师的设计思想是一种先进的智力活动，以创造力为基本机制。为什么对相同的设计任务、相同的基本条件和相

---

① 苏全有，刘桂兰．中原文化与和谐社会建设 [M]．郑州：中州古籍出版社，2008.

同的功能要求，不同的建筑师会有不同的设计思想和计划？这是由于他们在设计活动中的创作机制存在差异。这种差异在本质上是由文化引起的，即文化思维的差异。

日本心理学家仓石精一认为："思想是关于思和想的事情，也称为思考。从广义上讲，思考是对'问题情境'找出解决方法所经历的过程的总称；从狭义上讲它是指在表达新的思想形式时使用语言的过程。"①语言就像思维的外壳，体现了一个民族的思维习惯。语法是反映现实要素的思维顺序的一种表现，具有民族性和不可渗透性。正如沃尔夫所说："一个人的思想形式受他不知道的语言形式的不可抗拒的规律支配。"对于只能说母语的人来说，很难意识到语法范畴铸造思维模式这一过程的特性。尽管可以用不同的语言表达相同的概念性思维，但是当人们说母语以外的其他语言时，他们并没有改变基本的思维方式，只是进行语码的转换。语言和思维的关系在中原文化对河南地区建筑的影响上也是一样的。语言通过对思维方式的铸造来建构文化精神，这一点可以通过对不同地区的文化和建筑进行比较研究来证实。

就河南地区的建筑而言，在建筑师的思维方式中起三种主要作用的文化是传统的中原文化、现代的中原文化和现代的西方文化。

中原传统文化对河南传统城市和建筑的影响巨大。阴阳、五行和八卦一直是中原文化从系统而又直观的角度捕捉宇宙、社会和生活的思维方式。这种思维方式强调内省和体悟，是基于经验积累的辩证观。通过这种思维方式创造的中原文化是无止境的，一直持续到今天。在这种文化背景下，现代中原文化不可避免地受到传统思维方式的微妙影响，表现出了这种思维方式的历史局限性，如过分强调整体的重要性以致极大地压抑了人的个性发展，由于偏重直观和生动的想象力，缺乏定性和定量逻辑分析和论证，从而阻碍了科学技术的发展。

西方现代文化的产生可以爱因斯坦的相对论为标志，它不但突破了以牛顿经典力学为代表的旧科学体系，而且冲破了一个旧的思想体系，使西方人的思想结构发生了深刻的变化。现代主义的反传统和非理性倾向可能会在现代西方科学中得到支持。随着改革开放的不断深入，西方现代文化的新思想和新方法日益被中国建筑师所接受。外国文化的影响给中国建筑业中思想的解放和创造力的发展带来了前所未有的活力和挑战，进而产生了许多优秀的建筑作品。

在研究和借鉴建筑师的作品时，我们应该从建筑开始，分析其创作机制的思维特征，尤其是文化的影响，以便理解其中的真谛。模仿和剽窃是不可能创作出具有创

---

① 苏全有，刘桂兰.中原文化与和谐社会建设[M].郑州：中州古籍出版社，2008.

造性和感染力的作品的。现代社会发展到今天，思维方式也在不断发生变化，已经具备多样性和包容性等特点。各种新的理论和方法相继出现，建筑师可以在复杂的设计思维过程中专注于某种思维方式，但是在实际思维过程中，不同的思维方式并不是相互排斥的，而是相辅相成的。强调思维的文化性就是使人们意识到传统思维方法和个人思维方法的优缺点。建筑师从事的是建设性的文化事业，而创造力是文化进步的核心。在这一方面，对于建筑师而言，可怕的事情不是复制他人，而是复制自己。未来的希望在于教育，在于从文化思维上培养和塑造建筑师的创造机制，这也是开创中国和中原建筑新文化的必由之路。

### （二）河南地域建筑文化的演变

河南地区建筑文化的塑造过程反映了中国传统建筑文化的演变。"河南区域建筑"的概念本身包含三个方面：地理上的空间范围、文化和民族的起源、环境以及人们在该地区的生活环境和方式。地理上的"中原"主要是指黄河中下游和淮河上游地区，但根据今天对行政区域的划分，它指的是河南省及其周边省份的一部分。

自然地理环境不是纯自然因素的静态对象，而是与人类活动密切相关的，并且是文化形成的重要因素之一，人与自然之间的关系已成为建筑的起源和归宿。在人类早期，建筑的发展非常缓慢。例如，在石器时代，工具落后、意识形态模棱两可，导致人类对"建筑"只能停留在自然形态的直接使用和简单转化上。后来，人类通过了解物体的本质和构成方式，已经掌握了其表层下面的某种结构。一旦发现了这种结构，人类就有可能根据其自然形态分解自然物体并根据自己的意愿重新组合它们，进而满足人们的需求。正如《墨子·辞过》中所述："古之民……就陵阜而居，穴而处。"而《礼记·礼运》中说"冬则居营窟，夏则居橧巢"，描述了远古时期的居住情况。我国原始建筑的两个重要分支是穴居和巢居，人们在这个基础上，逐渐发展出类似的居住形式，如半穴居和地面建筑。[①]

中原地区土壤、气候等自然条件，为发达的农业文化提供了优越的物质基础。以家庭为基础单位的自给自足的农业经济强化了家族宗法观念，对古代人的崇拜直接影响了阴阳五行的观念和儒家思想的形成。

对中原文化遗址的建筑研究表明，裴里岗文化时期的半穴居建筑，如在河南密县莪沟遗址发现的房基，都是半穴式建筑。在仰韶文化时期，人们过着定居的生活，具有一定大小和布局的聚落主要分布在近水的露台上，主要建筑形式是半地穴或在地面

---

① 耿瑞玲.民间居住[M].郑州：海燕出版社，1997.

上建造的圆形或方形房屋。在此期间，建筑物的主要特征如下：一是出现了保护性防卫建筑，这是人们为了自身安全而采取的有效措施，如半坡村和姜寨遗址。二是改善了半地穴建筑，门蓬构架采用大叉手作为顶部的支点，屋顶椽木的内表面也涂有草泥，这是出于防火的考虑，即中国传统土木建筑的雏形。三是产生了木屑泥墙的地面建筑物。四是建设了"前堂后屋"的建筑。五是地下谷仓的改进。

龙山文化在继承前人的基础上有了新的发展：烟斗石、灰烟斗、土坯和陶器已经生产出来。可以说，没有龙山时期的土坯，就不会有今天的蓝砖或红砖。例如，龙山遗址房屋的墙壁被发现是用棕色草泥土坯制成的，施工方法类似于现代的砖砌方法。再如，夏商时代二里头文化出现的宫殿建筑（图 2-3），根据考古推测，该殿堂遗址檐柱前两侧留有较小的柱洞，推测是支撑木地板的永定柱遗迹，由此可证实其是干栏建筑在中原地区的变形，表明了南方建筑对中原建筑的影响。尤其到了汉代，南北两大建筑体系的进一步融合形成了以抬梁式建筑为标志的初步成熟的木构体系。作为中国传统建筑基本特征的拱形和大型屋顶结构的出现，为中国传统建筑奠定了基础。佛教文化的进一步传播促进了中原文化的传承和发展，使其不断丰富，不断有着新的内涵，进而创造了辉煌的中国古典建筑文化。

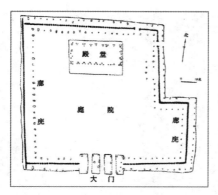

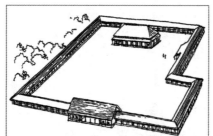

图 2-3　二里头的宫殿建筑图示及复原图

对于生活在中原的人们来说，其生活方式和观念受到了自然环境和文化传统的影响。发达的农业生产促进了乡村聚落的发展和城市的形成。自然环境所提供的大量廉价的建筑材料、人们的生活习性、社会组织使中原建筑文化形成了古朴、神秘的风格，丰富了中原文化的内涵。通过调查和研究中原地区的几个住宅区，我们发现中原的建筑物已经从古代的洞穴演变为小屋。受地理条件和生活水平的影响，中原的住房结构逐渐形成了自己的传统和风格。

（1）义马，位于豫西西部的浅丘陵地区。数千年来，当地的民居在北方庭院的基本结构中体现了当地人的智慧，形成了独特的风格。起脊房（图2-4）是义马传统民居的基本形式。根据房屋覆盖物的不同，它们可分为瓦房和草房。瓦房在河流边和地势平坦的村庄中较为常见，草房在东北山区更为常见。斜坡地区有更多的洞穴定居点。房子的布局由上层房屋、两栋豪宅和街道房屋组成。当地人在选择地址时有很多习惯，如后院应避免朝南和朝北，应朝东和朝西；如果房子坐北朝南，则应该偏离子午线；选择房屋时，应选择"大岁出游日"，这与传说的"太岁头上动土"有关；如果这所房子正对着一条道路、一条河、一条峡谷，应该在墙的另一侧竖起一块大石头，在上面刻上"泰山石敢当"字样。

**图2-4　河南义马民居的起脊房**

（资料来源：自拍）

（2）鹿邑县，位于河南东部平原，其境内的栾台遗址有5000多年的悠久历史，太清有龙山文化遗址，这表明该地区自古以来就有人类祖先的活动。该地住房主要由草房、半瓦房和瓦房组成。庭院是一个四合院（图2-5），按照习惯，东西向的房间最好。蓝龙在左边，白虎在右边。例如，图中东屋有两栋房屋，西屋有三栋房屋，西屋以南的山地分支有一半是墙。这就是俗话说的"能叫青龙伸头，不叫白虎张嘴"。

图 2-5　鹿邑县民居

（3）内乡县，位于河南省西南部，伏牛山南麓，南阳盆地以西。该地受欢迎的房屋主要是两扇窗户的房子，包括一扇门和两个窗户以及封闭的门廊（图 2-6）。过去，大多数家庭通常在院子里建造砖瓦房。受传统意识影响，人们在建造房屋、破坏土地和动工方面非常谨慎。

图 2-6　内乡县民居

（4）灵宝市，位于河南西部，地处豫、陕、晋三省交界。地形复杂、山峦起伏、沟壑纵横，有中国最早的历史雄关——函谷关、荆山黄帝铸鼎塬风景区及道教亚武山等名胜古迹。房屋大多位于山谷平原和低山区，窑洞住宅则位于平原的丘陵地区和沟渠地区。宅院组合有四合院，有"四圆八滴水"之称的二进院和三进院，还有窑洞。建房典礼中的"梁记"最具特色，即建房纪念。通常，梁记写在中梁的方板上。没有方板的可以在上面写字。在写梁记时，习惯在两端绘制八卦中的"乾坤"图——左端绘"乾"，右端绘"坤"，在两者之间记下建房时间，然后写下房主和男性子孙的名字，最后写下工匠的名字。

上述四个例子集中反映了当地人民遵循传统和习俗的特点，表达了人们对美好生活的向往。但是，在当今社会的发展中，我们要注意摒弃封建迷信思想，要用科学和理智的态度对待生活。

## 二、原型表达

### （一）建筑原型的转变

从建筑形态具体的历史变化中可以看出，它经历了一个由"圆"到"方"的演变过程。人类对建筑形态的三维认识也是从圆形开始的。球形对原始人（儿童亦如此）来说是一个放大的点，是一个内核的象征。向球的两端延伸，就会产生方向性，但这时的条状形态还只是一维的，随着一个象征内核的球体向空间延伸，人们初步认识了球体所在空间中的三维性。因人们的活动是沿直线而不是圆周进行的，穴居类的居住建筑内部空间形态不能满足人们的需求。而"方"代表了一种理性，表达了一种生活秩序，它是在人类意识发展到一定阶段，通过对自然物的观察、分析及对自身运动的认识，发现了自然界中物之间的数的关系和直角的存在等的基础上，产生的一种形态。这种形态是自然界所没有的，是由人设计的一种与自然相对抗的形态，是一种有组织的空间。在此以后的各种建筑形态都是在这个基础上发展和变化的。

事实上，建筑形式的演变已成为建筑原型的发展和扩展，形式元素之间的关系也因此变得清晰。边界、通道、模式和方位这四个要素在定居点、别墅、建筑群、广场和城市中心的形式中得到了加强，反映了建筑形态从起源到发展过程中对建筑秩序的追求。

### （二）建筑形态的地域特点

一方水土养育一方人，"地域"概念本身就是文化和历史的复合体。河南建筑的地域特色与中原的文化特征息息相关。受中原文化影响，河南区域建筑具有以下特点。

1.深受传统文化影响

中原地区的"河图、洛书"是在周易哲学的框架内发展起来的，并建立了包括中国古代建筑在内的一系列观念体系。这些阴阳二元论的思想反映在古代的平原建筑和风水学理论中，影响了村落的选择、房屋的位置、建筑的布局和墓葬的选择。但是，这种深受风水影响的建筑文化在一定程度上不符合科学规律，我们应该对此保持客观态度。

新乡小店河村（图2-7）的位置反映了这一观念。该村建于清乾隆十三年（1748年）。村庄的外部被石墙围成一个完整的群体，墙的中间有一个寨门（图2-8），而在村墙外的后山上有一个观景台和避难所。从远处看时，像一只巨龟趴在苍河南岸。该建筑的主体位于乌龟的背面，象征着永恒。

图2-7　小店河村民居　　　　图2-8　小店河村寨门

2. 多元融合

在中国古代历史上，民族大融合有三次。第一次是秦国统一，其结果是形成了华夏民族共同体，产生了以华夏族为主体，统一的、多民族的中央集权制国家。第二次是魏晋南北朝时期。宋、辽、金、元时期是第三次民族大融合时期。这一时期，契丹、女真、蒙古族进入中原，建立了多民族国家。这些少数民族进入中原之后，学习了先进文化和汉族政策，巩固自己的统治，因此被汉族同化了。例如，在河南生活的蒙古人遍布许多县市，人口约为40 000至50 000人。焦作寨布厂村、林州仁村等村落在建筑空间布局和装饰方式上与山西民居可谓一脉相承。装饰不仅是人类的审美追求，还蕴含着不同的文化。河南传统居住建筑中的装饰尤为丰富，在建筑的构件、表面等广泛运用，尤以匾额和楹联最具中国传统人文特色，字里行间寄托了建筑主人的心愿和期盼，显现出建造者的文化素养和生活境界。

3. 儒道互补

基于土壤、气候和水源保护等自然条件，中原地区为发达的农业文化提供了优越的物质基础，促进了中原思想文化的形成。例如，以许慎为代表的文字训诂学，以李斯小篆为代表的汉字书法艺术，以程颢、程颐为代表的宋代理学。经过文化的传播、辐射和融合，形成了以具有阳刚、深奥、朴素特征的中原文化为主体的华夏文化。这是研究中原建筑文化的重要文化背景，也是中原建筑文化产生和发展的文化原动力。

在建筑形态上，与中国传统建筑在平面和立面形制等方面相类似，河南地域建筑也受到中原文化"礼"的影响。"礼"的一项主要内容即维护贵贱等级秩序，如《乐记》中说："礼者，天地之序也……序，故群物皆别。"李允鉌先生指出："所有仪式建筑的设计都充满了象征意义，这是古代对追求内容和形式统一性的形而上学的表达。"[①] 例如，《考工记》中提出的城市布局模式出自礼制，是礼制建筑的代表。这也说明中原文化强调社会伦理和人文精神的必然性。从河南地域建筑的发展也可以看出，其既含有对青铜时代造型意志的传承和发展，也受到了老庄哲学的影响，即反对过于人工化的封闭性和与自然的分离。河南地域建筑是在儒和道抗争与结合的基础上发展起来的。

在空间组合上，河南传统地域建筑具有时空一体化及群体和谐的追求。虽然基本单元为简单的形体，但在其组合的过程中形成了复杂的关系和变化。院落组合就是一个基本方式（图2-9），这种方式多少带有某种强制色彩，轴线与轴心是院落的内部秩序，这与古代以皇权、神权、族权、夫权为中心的封建意识有着直接关系。所有基本单位都通过"模数"来控制，以达到统一的目的。

图2-9　开封民居院落空间肌理

---

① 耿瑞玲.民间居住[M].郑州：海燕出版社，1997.

## 三、适用技术

### （一）建筑材料的运用

建筑材料是建造房屋的物质基础，就地取材是地域建筑的最直接做法。由于自然条件的限制，河南地域建筑以黄土和石材为主要材料。

人类建造房屋的观念产生于新石器时代早期。那时，干栏式的建筑已经出现在中国的长江流域。这时候，黄河流域也开始根据穴位建造"窟室"，这是建筑的雏形。河南密县莪沟遗址发现的六个住房基地中，有五个圆形和一个方形的住房基地，均为半地穴式。这些古老的窟室距今已有八千年左右的历史了，这应该是先民的早期住房。关于人类早期房屋，古代文献中也有不少记述，如《易·系辞》中有"上古穴居而野处，后世圣人易之以宫室"；《礼记·礼运》有"昔者先王未有宫室，冬则居营窟，夏则居橧巢"；《墨子·辞过》中有"古之民未知为宫室时，就陵阜而居，穴而处"；《孟子·滕文公》有云"下者为巢，上者为营窟。"由此得知，自然地理条件也成为地域建筑形成的原因之一。从河南地区的聚落考古发现中可见，先民选择以自然山丘或人工堆积的台地作为居住地点，主要出于原始本能，是受自然力量驱使的结果。[1]

六千年前的仰韶文化时期，豫西人居环境发生了"革命性"变化。仰韶文化于1921 年在河南省三门峡市渑池县仰韶村被发现，它翻开了中国新石器时代考古事业的第一页。许多仰韶文化遗址很流行，河南西部有许多著名的仰韶文化遗址，如庙上村、人马寨、窑头等。仰韶文化的特点：第一，以原始农业为主要经济形式；第二，建造的房屋在早期都是圆形或方形的地穴半洞穴棚，中晚期逐渐出现浅埋穴和圆形或方形的房子。因此，根据丰富的仰韶文化房屋资料，从建筑技术的角度来看，黄河流域的仰韶文化建筑呈现出"穴居—半穴居—地面单间建筑—地面多间建筑"的发展序列。豫西地区属于黄河中游，符合这一发展规律。

河南西部的地坑院建筑仍然具有一定生命力的原因是河南西部的特殊地质条件，特别是在陕县三大塬区，黄土层厚度一般在 50 ～ 150 米左右。黄土是在早更新世、中更新世和晚更新世堆积形成的，主要由石英和粉砂构成。在某些地区，黄土层中混有很薄的料礓土，这是介于典型的褐土和黄潮土之间的一种农耕土壤。农业用地的土壤结构非常紧凑，并具有抗压、抗震和耐碱的作用。因此，凿挖的窑洞是坚固且耐用的。现有的最古老的天井窑院已有 200 多年的历史了，仍然有很多人居住在那里。

---

[1]　张形.整体地区建筑 [M].南京：东南大学出版社，2003.

此外，这里的地下水位相对较低，通常低于 30 米。所有这些为"地下挖坑，四壁凿洞"形式提供了独特的条件。

此外，在庙底沟二期文化遗址（龙山文化）中出土了一种新的挖土工具，即双齿木叉形木耒，在庙底沟遗址的灰坑壁上留有这种工具的痕迹。在仰韶文化时期，人们经营原始农业，使用的工具主要是石斧、石铲、石锄等。在平坦的表面上，人们没有冲沟和崖地可利用，木材资源稀缺。人们在长期耕作的过程中，逐渐意识到在黄土地上进行挖掘是相对容易的。在这种情况下，人们创造了最原始、最有特色的地下建筑，这就是仰韶文化时期灰坑、坑、陶窑、陵墓和其他坑式建筑物居多的原因。对石材的使用主要在豫北、豫南、豫西南山区的大量民居建筑中，如林州、辉县、焦作、修武等太行山区的乡村民居。

### （二）气候条件的适应

河南地处中原，是中国内陆地区，为暖温带—亚热带、湿润—半湿润季风气候过渡区。一般特点是冬季寒冷而少雨雪，春季干旱而多风沙，夏季炎热雨水多，秋季天气晴朗。全省年平均气温一般在 12 ~ 16 ℃之间，一月 -3 ~ 3 ℃，七月 24 ~ 29℃，大体东高西低，南高北低，山地与平原间差异比较明显。气温年较差、日较差均较大，如历史上极端最低气温为 -21.7 ℃（1951 年 1 月 12 日，安阳），极端最高气温为 44.2 ℃（1966 年 6 月 20 日，洛阳）。年平均降水量约为 500 ~ 900 毫米，有的山区可达 1 100 毫米以上。在这种气候条件下，河南地域建筑不像北方惧寒而封闭、南方防热防潮而开敞，没有特别的防寒与抗热需求，受纬度影响，河南地区的建筑以南、东南朝向为主，讲究日照与通风。

所以，河南地域建筑从古至今，其选址、朝向、空间组合以及选材、尺度、设施等都具有地域属性要求，但是在规划、设计理念和建造条件、技术等方面与中国建筑文化没有太大差异。

"中原文化""地域建筑""建筑原型""建筑生成"和"生成机制"是本节中最重要的几个概念，它们在以往的使用中有不同的界定，所以存在一定的模糊性。本章对此进行了解读，指出"中原文化"主要指宋代以前作为汉文化主流而存在的地域文化，我们称之为"前中原文化"，而明清时期的中原文化已逐渐边缘化了，我们可称之为"后中原文化"，两者合称"古典中原文化"。所以，今天的中原文化，即后古典中原文化或现代中原文化，作为现代性的存在样式，后古典本身是一种古典衰败后与现代因子杂交的产物，影响了现代河南人的集体意识和无意识、生存经验和文化建构。而"地域建筑"作为一个整体概念，与一定地理区域和文化区域相关，不能简单地认为地域建筑是某个地点的个别建筑，地域建筑应是特定地域的个别建筑的集合。

从河南地域建筑的发展过程看，地域建筑的目的不仅在于寻求建筑与环境之间的平衡，其根本目的是为人们生存提供条件。因为人类生存的一般环境由自然环境和人工环境两部分组成。人工环境本质上是人类生活的文化环境。可以看出，建筑和文化紧密相连。尽管建筑的各种功能与文化的基本功能是一致的，但是文化不能被视为建筑的本质。建筑的本质是由建筑的目的决定的，它给建筑以质的规定性，并使之与文化的发展相适应。

# 第二节　中原乡土建筑与文化景观

## 一、文化符号：豫西窑洞与河南民居

### （一）河南民居的历史发展

通过对中原地区聚落文化遗址的考古研究表明，新石器时代早期的磁山与裴李岗文化遗址中，发现过不少半地穴建筑遗址。孔安国曰："司空，主国空土以居人。空，穴也。古者穿土为穴以居人。"《诗·大雅·绵》："陶覆陶穴"。《说文解字》："穴，土室也。"从这些文献可以看出，这些穴居建筑形式在民间地区一直存在，一直到中原地区发展到阶级社会之后还存在。

从居住建筑形式的发展过程看，黄河流域的建筑形式是从穴居到半穴居，进而发展为地面建筑。在河南安阳后岗、三门峡庙底沟、渑池仰韶村、洛阳王湾等地已发现仰韶文化的村落遗址，在陕县三里桥、临汝煤山、淅川下王岗、汤阴白营也发现了当时的村落遗址，而且分布得相当密集。据悉，河南省灵宝市发现了一座建筑面积超过500平方米的古代大型房屋基址，这是迄今为止可以找到的最早的一座传统中式走廊式建筑。专家认为，这座建筑代表了仰韶文化时期最高的社会发展水平，为中国古代大屋顶建筑开了先河。它位于铸鼎塬地区大型遗址的中北部。这里地势开阔，整个场地由西向东，室内面积约204平方米，总面积约516平方米，地基以半地穴式主室为中心，被走廊环绕，倾斜的门从走廊处延伸，并在入口附近设有防火室，布局井井有条，形成了一个结构复杂而严谨的建筑。同时，居住表面和基础处理也非常优雅。由于地理条件和生活水平的限制，人们根据当地的条件来调整房屋和院子的结构，从而形成了他们的传统和习俗。大约在西周末期完成了屋檐由支撑到悬挑，屋顶由茅草到铺瓦的变革，形成了上有脊梁，下有屋檐的民宅结构及抬梁、穿斗屋架、凹曲面屋盖以及斗拱等中国古建筑的若干特征。典型的梁形房屋包括草屋、瓷砖屋、流苏房屋、砖瓦房屋以及将草砖交织在一起的建筑物，每种房屋都有自己的建筑风格和特色。

### （二）河南民居的地域特色

河南合院式建筑与中原文化有着密切的关系。古人云："当取天下之日，河南在所必争"，这与河南得天独厚的自然地理条件和重要的社会政治经济地位是分不开的。河南省的气候具有明显的过渡性质，因为其处于中国暖温带和亚热带气候交错的边缘地区。信阳、南阳及驻马店部分地区系亚热带湿润半湿润气候区，而中部和东部为辽阔的黄淮海冲积大平原，西部和南部多山地丘陵，关隘较多，为西进南下之咽喉。山区丘陵面积占44.3%，平原面积占55.7%。河南地理位置居中，交通便利，河南民居可以根据所处地形及环境特点就地取材。

1. 建筑特征

河南传统民居建筑的地域特征主要体现在四个方面。

首先是当地的住所。窑洞民居是中国黄土高原地区人民的主要居住形式，也是河南地域建筑的一大特色。河南中部和西部的黄河流域的土壤是均匀的，含有石灰，很容易挖洞穴。

巩义和洛阳地区的地坑院通常要做窑脸、女儿墙和披水挑檐，而且这里的窑洞收口小，只有开门洞的宽度，只能通过门上方的明亮窗户进行采光和通风。但是，有的地方的地坑院特点是收口很大，如灵宝和三门峡一带的地坑院。除此以外，下沉式窑洞村落有着不同的入口形式：直进型、曲尺型、回转型。下沉式窑洞村落具有独特的景观：由地面经坡道下至院落，再经由院落进入窑洞，形成一种收放有序的空间序列，整个空间充满了明暗、虚实的对比，给人一种幽静舒适的感觉。

其次，院落形制。院落是北方地区最为常见的民居建筑形制之一，河南传统民居中主要有三合院和四合院等。三合院缺少临街房，四合院由堂屋（也称主屋、正屋、上房）、厢房（也叫陪房或东西屋）和临街房组成，俗称"四阁斗宅"。大多数院落的墙比较高，院子比较窄。大型的宅院多由二进院、三进院及四进院组成，这种院落由过厅或过屋相连，讲究的过厅内有明柱、屏风门，每间四扇梠门，前院直通后堂。院中有砖木结构的楼房，还设有花园、屏障、砖石院墙和精致的门槛。河南的夏家大院位于原阳县城南街，建于明末清初，占地约8 000平方米。它是旧阳武区最古老的私人住宅，也是清代保存相对完好的房屋建筑群。整个房屋布局严谨，外观简洁大方，庄重肃穆。该院落从东到西有150多间房屋，包括主要庭院和辅助庭院，主庭院在建筑群的中间。

普通的庭院仅由主房屋和简单的陪同房屋组成。被黏土或土坯墙包围的简单小房子也称为三合院或四合院。地坑院很简陋，有稻草或树枝状的围墙，被称为"半坑院"或"简单坑院"，但是所有类型的地坑院都注意门的设置。庭院门大多是大门，院落的大门里设有门楼，门楼有"土坯门楼""脊架门楼"和"过道门楼"，通常与街道房屋相连。庭院通过建筑物、墙壁、入口和辅助门房的封闭和分隔形成一个独特的空间，这是人们居住场所的一部分。庭院布局应能吸收和控制阳光。院子里可以种上用来纳凉的树、葡萄架、藤条和鲜花。有些院子的中心有荷花池、鱼缸或盆景。除此之外，还要设置植物环境，多植槐、枣、榆树，观花树木玉兰、桃花等。例如，马氏庄园位于安阳以西 22.5 千米的蒋村乡西蒋村东南隅，是清末两广巡抚马丕瑶的家族住宅区。该庄园始建于光绪年间，并于民国初年陆续建成，历经百余年，保存基本完好。它是豫北地区现存最完整、规模最大的合院式传统民居，总体分为北、中、南三区，按院落轴线分为六路，每路中轴线上各开九门，俗称"九门相照"。总体布局严谨、规模宏大、主次分明。

马氏庄园三区共有厅、堂、楼、阁等各类房屋 308 间，占地 30 余亩，建筑面积 5 000 多平方米。其中，中区规模庞大，约占整个庄园的三分之二。马氏家庙严格按照《清会典》的规定："凡品官家祭庙立居室东，一至三品庙五楹，三为堂，左右各一墙限之。北为夹室，南为房。庭两庑，东藏衣物，西藏祭器。庭缭以垣……"住宅三路均采用合院式布局，由四个合院组成，建筑形式大部分以灰瓦、硬山为主，悬而次之，且无论正房、厢房均设置前廊，主要厅堂则前后设置，形成院落间的有机联系，又成为装饰的重点。每路建筑轴线由南向北，逐级抬高。南区与中区隔街相望，原设计为三路，其中东路亦为四重院落。北区为一路，建四个四合院。从建筑规格来看，南区高于中区和北区，其原因是南区为民国时期建设的，封建社会的礼约限制已不甚严格。

再次，南北合璧。河南在地理位置上紧邻安徽省、湖北省等处，在建筑布局、装饰等方面受南方民居的影响，与其有着一定的相似性。洛阳庄氏宅院建于清道光年间，位于今洛阳市南关贴廊巷南侧。该建筑经整修后保存较为完好，它是一座并列的三处三进四合院，房屋原有 100 多间，现存 68 间。庄氏建筑多为砖木结构，临街房是院落的门首，中间为厅堂，后为上房，两侧均有二层厢房并用小门相通。厅堂主要由木构架承重，砖砌山墙和隔墙起部分承重作用。后厅二层外设走廊，有外楼梯通二层。

大厅门窗均有精巧的雕刻花纹装饰。整个建筑还具有中国台湾、闽南等地的特点，为一至二层堂横式住宅，建筑层次前低后高，厢房为洛阳特色的单坡式建筑。

最后，构件特色。民间信仰多带有原始的自然色彩。在居住生活中，土地神、门神和灶王更是占有特殊的重要地位。人们通过这些崇拜祭祀希望保佑平安，实现人们风调雨顺、五谷丰登、人财两旺等良好愿望。神明的存在是人们传统精神生活中不可缺少的部分，也为建筑细部构件提供了广泛的素材。

（1）神龛。传统民居中多有家神供奉，除给祖宗设牌位外，还有天神、灶神、财神和门神等。其位置灵活，除祖宗牌位设于正堂外，其余诸神则可在山墙面、照壁上及门洞中。例如，康百万庄园的每个院落中，主窑洞的门脸墙间常设有拱形小壁龛，作为逢年过节供奉天帝、土地神的小祭坛；博爱县寨卜昌的院落中，神龛立于影壁前。

（2）风水影壁。为遮挡煞气、镇住风水，有的民居在院落正房一角或中部建风水楼或风水影壁。在洛阳一带，影壁墙上大多挖砌一神龛，供奉土地爷。影壁墙上镶刻字画，其内容有松鹤延年、麻姑献寿、梅鹿望柏等吉祥图案，有的墙上雕刻巨大的"福""寿"重叠的字。这些封建观念表达了当时的村民对美好生活的期待，但是我们要明白的是，这些都是一种不科学的做法，在现代的社会生活中我们要摒弃这种封建迷信思想，用客观的态度来对待现实生活。

在传统民居建筑中，宅门表现出主人的社会地位、财富和权势等。在河南，民居的门脸、檐廊等也是其重点装饰的部位。

（3）女儿墙。女儿墙多用在平顶民居和窑洞建筑中，窑洞的女儿墙是砌筑在窑脸墙顶端的矮墙，是遮挡雨水冲刷脸墙和防止窑顶人畜跌落的维护构件。它是窑洞民居的顶部天际线，而女儿墙以下与窑脸墙的接触部位又是保护墙体的檐棚（板），其多用土坯或砖砌花墙，也有用碎石嵌砌的。当用砖时会砌成各式花墙，用碎石时则与青瓦、青砖嵌镶成各种图案用来装饰窑面，很注重美化与装饰。

（4）檐廊。檐廊多用在大户民居重要的堂屋前或砖石拱窑前。檐廊不仅有扩大护檐的功能，也构成了庭院与居室的过渡性空间，在立面上增加了空间层次，产生丰富的光影变化。这类带檐廊的窑洞有的是砖砌的，如巩义刘茂恩庄院西宅院的拱廊。

（5）门脸。窑洞门口上部常进行重点的精雕细刻，称为门脸。在豫西窑洞，一般人家都雕有垂花帐、帘图案，拱门上饰以叠层花饰砖雕，以增加拱形曲线的花边美感。拱门上方常有五福临门、紫气东来等小型匾额。在匾额上方挑砖出小门檐，有流水砖、二方连续花纹砖、竹枝砖雕等多层叠砌，为遮蔽风雨对窑脸的冲刷，最上方则于两端卷边上翘。又如，豫西小蓬檐上常用六角形砖拼成圆孔，不仅具有装饰性，也是通风换气、排烟的窗口。

（6）砖石雕刻。砖石雕刻在民居建筑中是最常见的装饰方法，是民居建筑乡土性、艺术性的体现。各种砖石雕刻的题材丰富多彩，表达了百姓的生活追求和审美喜好。焦作寨卜昌村王氏宅院院内各种石刻、木刻工艺精湛，富有浓厚的文化气息。一进院内，房屋檐下挂落与垂柱雕刻精细，雕刻题材有花鸟鱼虫和仙人走兽等。另有少数房屋檐角的特制的瓦当头上有"耕读"二字，充分体现了房屋主人的思想追求，极具特色。在 39 号院的主院一进院内，东西厢房的窗台石迎面石雕和四个窗台石上的四组石雕组成了 20 幅花鸟、耕读、纺织图。在 37 号院内的窗台石上也有 30 幅花鸟图。这些石刻线条流畅清晰，是传统民居建筑中少见的线刻精品。

2. 美学价值

从人类生活的角度来讲，居住建筑与人的关系最为密切。中国传统合院式住宅本身与自然宇宙间存在着某种同构关系，如"天圆地方"是中国人早期特有的对宇宙事物之间形态的基本感知。"方属地"被赋予高度的象征意义，成为人们居住空间的理想模式。对传统居住建筑的赞美，本质上是对传统自然农业生活方式的向往，它与西方别墅住宅相比，体现了东西方不同的生活方式和建筑观，同时表达了不同的美学内涵。

有些研究者认为，中国传统居住建筑以四合院住宅为代表，其美学内涵体现了社会生活的"法"与"礼"。这种认识仅从传统宗法社会的角度来认识，具有一定的片面性。因为传统居住建筑承载着中国人太多的人生期盼和生活梦想。它的美学内涵和价值亦是多方面的，如南开大学宁宗一先生所言，"中国美学精神是艺术的，艺术的精神是诗意的"。中国传统居住建筑的美学精神也可归纳为一句话，即诗意的居住。这种诗意的居住美学主要体现在文化方面，使居住成为自然中的风景。

对于自然来说，人工的一切创造物都是异己的、对抗性的。人通过自己的活动使自然"人化"并创造出"人化"的自然，这种被人化的自然不再是真正的自然，而是人所欣赏的"风景"，人与自然的关系成为建筑发生的原点和归宿。"风景"是与自然内在结构的一致，而"有机建筑"是理性的物化，表现为对自然形态的模仿与适应，风景建筑不发明新的东西，只学习且延续自然景观，由此作为对文化的表达，所以，"风景"是"文化"的基础，人是如此地依附着它。

在河南传统居住建筑中，有两个小宅子堪称风景建筑的代表，它们均实现了文化与空间的完美统一。其一是作为私人庄园的顾荆乐堂，位于商城县南 34 千米的长竹园乡，处于群山环抱之中，为 1937 年商城县县长顾敬之兴建。其二是陕县原店村的百鸟朝凤四合院。此民居位于县城西原店村陇海铁路南侧，距三门峡市约 22 千米。据群众传称，该建筑系兀氏宗族先世在明皇室供职时所建，后经清代翻修改建。现存两处院落被陇海铁路分割开来，南侧为一独院，北侧为二进四合院形式，根据其现存建筑形制，推测是早先大建筑群中女眷们的住处，因其门楼照壁上用青砖雕砌有百鸟朝凤图案，故被称作百鸟朝凤院。该四合院现存占地面积一千余平方米，改建后的布局基本完整，门道为石砌台阶九级，门外两侧壁为砖雕几何图案，门楣及两边亦有砖雕花卉或几何图案，迎门照壁用青砖雕砌百鸟朝凤，鸟与鸟之间相互呼应，姿态生动，是河南民居砖雕艺术的精品。二进院南部现存房三间，东西厢房为两层阁楼式建筑，前面伸出檐廊，厢房北端各有耳房一间，前院北屋为面阔四间（带门洞）、廊檐三米、进深五米的带斗拱单檐硬山建筑，横梁下嵌有彩画木雕，每间有承檐柱两根，柱与横梁交叉，伸出部分有龙头形木雕，柱础为青石雕的兽形石墩，另有咸丰九年（1859 年）"文曲高耸"残匾一块。

风景建筑体现的是传统的人文关怀及人与自然的合一，而现代住宅之所以成为居住的机器，在于过分强调技术的作用，把活生生的人当成一群没有个性的、标准化的人。在当代，创造新文化与新空间是建筑创作的一个重要课题。上述两个小宅子更多地体现了东方人的自然观和审美意向，即强调心与自然相接，人与天地合德，是情景交融、心物感应、物我合一的中国美学观念在传统居住建筑中的反映，表达了空间形态的文化内涵。因为建筑存在的整体环境就是由自然环境和生活环境共同构成的，而"发生在人造环境中的那些具体而生动的生活事件是进行建筑创作的依据和出发点"。

"生活"是人类区别于万物的存在方式，大千世界，除人以外，自然万物仅仅是存在着或生存着，生活却是有所期望和企求、有所规划和设计的，人类正是以此提出和解答各种问题，以实践去探索自然，这正是中国传统居住建筑的美学思想的价值所在。

### （三）豫西的生土民居建筑

生土民居是河南民居建筑的一大特色，不少人把它等同于河南民居，这虽不确切，但也说明了生土民居的地位。生土民居主要集中在豫西地区，主要分为地坑院和靠崖窑两类。

地坑院又称"下沉式窑院""天井院"。它是在平地上向下挖 6 米左右，形成大小不一的方形或矩形土坑，然后在四壁凿出窑洞供人居住的一种建筑形式，是豫西地区特有的一种乡土建筑类型，距今已经有数千年的历史。在窑洞类居住环境中独具特色，地坑院被称为中国北方的"地下四合院"。

1. 地坑院的历史渊源

豫西黄土塬地区是中国人类文明早期发祥地之一，驰名中外的仰韶文化遗址就在其境内。在豫西黄土塬地区近两千平方千米的黄土地上，五千多年前就有原始耕作业，这里是中国古代农业中心之一。地坑院的民居形式让人联想到人类早期的穴居方式，是穴居发展晚期在黄土高原地带形成的独特的、成熟的民居样式之一。

2. 地坑院的形成原因

（1）地质原因。地坑院曾经是黄土丘陵地区较为普遍的住宅形式，集中在晋南、豫西、陇东、渭北等地，但随着时代的变迁，其现有面积逐渐缩小，目前得到了较好的保护。这些地区的黄土具有耐压性和耐碱性。因此，凿挖窑洞，坚固耐用。再加上通常在 30 米以下的低地下水位，这些为坑式庭院的建设提供了独特的条件。

（2）气候原因。豫西地区属于北温带的大陆性季风区域，属于半干旱气候。陕区的三个主要区域都从山上自然延伸，坡度平缓，面积大。最大的区域有两个城镇和30 多个村庄，其他两个区域各有一个社区。气候干旱，降雨很少。即使在发洪水的情况下，洪水也不会被阻塞，并且通常不会到达露台。半干旱的气候有利于保持当地土壤的干燥和坚固，使地坑院住宅稳定和可持续；四个季节之间的温差很大，能更好地体现地坑院住宅冬暖夏凉的优势。

（3）社会经济原因。长期以来，黄河流域一直是中国政治文化的中心和经济重心，但生活在黄河中游黄土塬上的先民生活得很贫困。而地坑院结构简单，使用的建筑材料少，造价低。此外，历史书还记录了黄土高原曾经草木茂密，但是自汉代以来，人们开始大量采伐森林，坑式庭院发展较快。其建设期主要在 20 世纪 50 年代到 20 世纪 70 年代。那时，农村家庭通常有好几个孩子，住房需求很大。当时，社会生产力水平相对较低，农民手中的钱很少。在整个社会中，贫富差距不大，因此很少有人可以建造砖木结构的建筑。除了由集体组织建造的一些学校、舞台和其他建筑物外，私人基本不建造房屋。而挖凿地坑院，除了人工，几乎不需货币，适合当时的社会经济状况。另外，当地农民主要种植冬小麦和夏小麦，并且收、打、晾、晒小麦和玉米需要很大的面积。这种地下住人地上打场的建筑很受欢迎，可谓村民的最佳选择。

3. 地坑院的构造

地坑院是在平坦地面上挖深度为 6～7 米，长度为 12～15 米的长方形或正方形的坑作为一个院子，在坑的四壁上挖出 10～14 个窑洞。窑洞的平地高约 3 米，深8～12米，宽4米左右。其中一洞凿成斜坡，形成阶梯形孤行甬道，拐个斜向直角通向地面，是人们出行的通道，称为门洞，是地坑院的入口。地坑院的入口有直进型、曲尺型、回转型三种。

门洞窑多数只有一道大门（也叫锁门），有的做两道门，分称为大门和二门，旧时妇女的活动范围限定在大门内、二门外。在门洞窑一侧挖一个拐窑，再向下挖深二三十米、直径一米的水井，加一把轴辘用于解决人畜吃水问题。这种以地坑院组成的村落不受地形限制，只需保持户与户之间相隔一定的距离，就可成排、成行或呈散点式布置。

地坑院一般为独门洞独院，也有二进院、三进院，就是一个门洞与二至三个地坑院相连。地坑院就形状而言，只有正方形或长方形两种，按其八卦方位来分，则可分为动宅和静宅两大类。动宅又称东四宅，它包括以东为上的震宅、以南为主的离宅、以北为主的坎宅和以东南为主的巽宅。这类天井院多为长方形，长14～18米，宽10～12米，有8～12个孔窑洞。静宅院又称西四宅，它包括以西为主的兑宅、以西北为主的乾宅、以西南为主的坤宅和以东北为主的艮宅，此类天井窑多为正方形，边长约12～16米，深7米左右，开10孔窑。

地坑院和地面周围砌了一圈青砖青瓦房檐，用于排出雨水。在房檐上建有30～50厘米的拦马墙。拦马墙内侧有的还种些酸枣等灌木，在通往坑底的门洞四周同样有这样的拦马墙。这些矮墙一是为了防止地面雨水灌入院内，二是为了保护在地面劳作活动的人们和儿童的安全，三是建筑装饰的需要，使整个地坑院看起来美观协调。居住在地坑院内，排水和防渗水是要紧的事情。地坑院的基本附属设施几乎都是从这个角度出发的，也是居民每逢婚庆大事要加固修理的主要部位。窑脸（窑洞正立面）除开有窗户外，均以泥抹壁，基座一般以青砖加固。院内地面四周砌一圈青砖。地坑院院心是在比院子边长窄2米左右的基础上再向下挖30厘米左右，并在其偏角（一般东南角居多）挖一眼4～6米、直径1米左右的水坑（井），坑（井）底下垫炉渣，上面用青石板盖上，主要作积蓄雨水及污水排渗之用，有些地方，这些雨水沉淀后还要供人畜饮用。

地坑院的窑洞有主窑、客窑、门洞窑、茅厕、牲口窑等多种类型。主窑由三个窗户和一个门构成，其他的窑都是两个窗户和一个门。茅厕窑和门洞窑则无窗无门。地坑院窑门多为一门双扇，窑洞的大小也不一样，主窑为九五窑，其他窑为八五窑。正对门洞的为正窑，一般是长辈的住所，左右为侧窑。

地坑窑院建造十分巧妙，颇具匠心，窑洞与大地相通，卧于大地之中，随大地脉搏跳动，具有防震功能。从上往下看，整个窑院为方形，站在院中间看天空，天似穹窿，是天地之合的缩影，体现出方圆之美，是中国古代"天人合一"的哲学思想的反映，是人与大自然和睦相处、和谐共生的典型范例。地坑院的建造受传统八卦文化的影响，村民修建窑院前必请阴阳先生察看，根据宅基地的地势、面积，围绕阴阳鱼的八个方位，按易经八卦决定修建何种形式的院落。依据正南、正北、正东、正西四个不同的方位朝向和地坑院主窑洞所处方位，窑院分别被称作东震宅、西兑宅、南离宅、北坎宅。其中，东震宅被认为是最好的朝向。

4. 装饰民俗

在地坑院种花草是主人装饰地坑院的必不可少的工序。春暖花开，人们觉得自己好像住在花丛中，有种置身农家院的感觉。院子里再种一些果树。在夏季，人们可以利用这些树木乘凉，在丰收季节，人们还可以吃新鲜可口的水果。地坑院种树特别有讲究，要"前不栽桑，后不栽柳，当院不栽鬼拍手（杨树）"。因"桑"与"丧"同音，柳为丧仗用木，杨树树叶被风吹出的声音恐怖，均被视为不吉。"前梨树，后榆树，当院栽棵石榴树。"因"梨"与"利"同音，榆树称为金钱树，石榴多籽（子），均取吉祥之意。门洞旁栽一棵大槐树，谓之"千年松柏，万年古槐"，寓意幸福长久安康。

窑洞窗户上贴窗花（也称为剪纸）是传统的民间习俗。由于老年妇女的生活圈子仅限于做家务，因此其剪纸内容主要是"龙戏珠""喜鹊登梅""天女散花"以及各种花朵、植物、昆虫、鱼类、鸟类和其他图案，通常有关人的图案就是胖娃娃的形象。

5. 建筑特色

（1）施工成本低。地坑院是根据人们生活条件的需要而诞生的。过去，人们的生活条件很差，没有钱建房。那时，人少地多，很多土地荒芜了很长时间。在荒地上凭力气挖个坑院居住，虽然费力大，耗时长，但几乎不需要什么特殊的工程材料，更不需要花什么钱。陕县庙上村的老人张巷丁已经快80岁了，他一生都住在一个院子里。这座院子是他在1970年亲手挖的，10孔窑共花了120元，之后祖孙三代都住在这里。

（2）独特的施工方法。地坑窑院是建筑史上一种逆向思维的一种，是利用自然地形进行挖掘，建筑与大地融为一体，地面上几乎看不到形迹，这种一反常规的构造方式是地坑院的价值所在和魅力体现。地坑院是在黄土层中挖出的居住空间。这种建筑形式从现代绿色生态建筑的角度来看属于"原生态建筑"，从中国古代"天人合一"的哲学思想来看，它是人与大自然和睦相处、共生的典型范例。

（3）居住舒适惬意。地坑院是大地的一部分，随大地脉搏而跃动，防震效果极佳。人们在实践中对地坑院不断完善改造，使之合理化，这种地坑院窑为圆拱形，坚固耐压，院洞深，冬暖夏凉，挡风隔音，安全可靠，人们称它是"天然空调，恒温住宅"，最适宜人居住。几家人杂居在一个相对封闭的空间，共用一眼水井，合用一处茅厕，同甘共苦，充满温情，构成一个和睦相处、其乐融融的大家庭。

（4）建造科学合理。地坑院作为古代穴居方式的一种，具有很高的历史学、建筑学、地质学和社会学价值。虽然没有建筑师的参与，但这种建筑非常科学。例如，为防止降雨时水灌入窑洞，在地坑院中间挖有供存渗雨水之用的渗井；为了防止地坑院四周的积水流入院内，四周都砌有拦马墙和青瓦房檐，拦马墙的另一个作用是防止儿童掉入地坑院内；为防止漏水，窑顶还要在雨天后碾压平整，而村民甚至可以将这个平地作为晒制谷物的场地；"通灶炕"既可以用来烧火做饭，还可以用于存储食物，丰收的季节还可以通过流动的地坑设计将粮食存储在粮仓里，方便省事。

## 二、文化环境：传统村镇与景观构成

村镇作为人类居住的聚落形式，其形态分布、景观构成与地形、气候、水文等自然地理和人口分布、生产生活方式、建筑形式等因素有关。在人类长期对生存环境的开拓和适应的动态过程中，聚落的派生、增加、迁徙与扩大包含着人—资源—生产活动—环境等关系的不断调节所形成的相对稳定的关系系统，体现着具体地区的自然条件、人口分布、开拓历史、经济水平和景观构成等地域性特点。

### （一）村镇景观的地域构成

1.景观构成的因素

所谓"村镇景观"，是指村镇聚落所具有的视觉的和心理的图像。它具有一种对自然的、文化的亲和力，村镇景观有着自身对建筑样式、道路结构、空间尺度、材料质感的要求，是人们对"长亭外，古道边，芳草碧连天……"的历史记忆和文化想象。但这种传统的村镇景观的现状比千篇一律的现代化都市更加岌岌可危。一般而论，根据美国城市规划学者凯文·林奇提出的道路、边沿、区域、结点和标志的城市意向的五个要素，传统村镇景观的构成要素可分为空间层次、边沿性景观、居住区、广场、水系、村镇设施及标志性景观。而根据笔者对河南当代村镇景观的实地调查，可把村镇景观分为两大类：一是较好保留着传统村镇具象景观和虚拟景观的村镇，如已被评为全国历史文化名镇（村）的禹州市神垕镇、淅川县荆紫关镇、郏县堂街镇的临沣寨（村）和社旗县社旗镇，以及与这些名镇（村）条件类似的林州市任村镇、开封市朱仙镇、确山县竹沟镇、洛阳市关林镇和龙门镇、登封市告成镇、新安县铁门镇、陕州区张湾村、辉县百泉村等中州名镇（村），每个县市有2～3个，这类村镇景观建设的重点是处理好保护与发展的关系；二是大量有名无实的老村镇和新兴的工商业村镇，该类村镇景观的重点应从自然环境、空间标志和欣赏价值三方面着手。

2. 景观的地域特点

河南遗存村镇中的建筑物、构筑物及特殊的地形地貌等实物均可作为空间标志。尤其是传统建筑遗存，具体而言，可以分为以下主要类型：

（1）庙宇。河南村镇中有许多庙宇，过去几乎遍及各村，如佛教寺院及"龙王庙""奶奶庙""观音庙""土地庙"等道观，还有卫辉的"比干庙"、朱仙镇的"岳飞庙"、洛阳关村的"关帝庙""二程祠"等特殊庙宇，它们形式多样，规模不一，各有各的意义。几乎是每家每户都敬土地爷神位，逢年过节，尤其是春节，必须燃香烧纸。在中原各地形成了规模不等、形式多样、各具特征的百色庙会。

（2）祠堂。中原民间的小型祠堂多设置4龛，以奉高、曾、祖、考四世神主。大的祠堂通常有大门、二门，还有临街房、过厅，内有戏楼以及后寝、左右厢房等，有的还砌有甬道，植有松柏，其前门额上书以"某氏祠堂"或"某氏家庙"。还有的门前设有月台，塑有石狮，庄严肃穆，气派异常。祠堂后殿正中又设供桌，两旁还嵌有碣石，并非常详细地将祖先由来、宗族演变以及拥有的土地、主要财产和族内各支辈分、嫡庶序列等刻记其上。大的家族除全族人拥有一个总祠堂外，还建有分支祠堂。

据实地调查，河南各地祠堂都大同小异，但是新县周河乡则出现了一个全省罕见的五姓联祠。周河村的邬、晏、李、陈、杨五姓都是小户人家，为了反抗大姓望族的欺凌，清代道光年间，经协商一致，在马山岭联合建立一座祠堂，大门上挂横匾一块，上书"五姓宗祠"四个大字，又立一块石碑，刻上联祠的规定条文以为证。此外，周河乡还有西河祠堂、熊湾村的熊氏祠堂。

（3）牌坊。牌坊又叫牌坊门、牌楼。牌坊可以说直接来源于由表柱连成的大门，即"乌头门"。封建统治者为了提倡道德伦理，表彰为传统礼教所赞许的功德事迹，对坊中居民的嘉德懿行加以旌表，榜于门首，所以牌坊成为一种标识、装饰、纪念性建筑，如尚书坊、孝子坊、贞节坊、义行坊等。明代城坊制取消后，便出现用石头建造的横跨街巷的牌坊。为强调其标识功能，渐由两柱一门一间发展到三五间，多的达七间。额坊上，以斗拱雀替承接屋檐，柱下有夹柱石，四周施以精美的浮雕，或顶盖琉璃瓦，有多脊重檐，构成富丽堂皇的牌楼。这种建筑多在庙宇、陵墓、祠堂、衙署、园林、街道路口等。

（4）水井。井在中原自古存在已久，"凿井而饮，耕田而食"是对先民生活的真实描述。黄河流域的凿井发现始见于河南龙山文化，有木构方形井和竖穴土井。木构方形井发现于河南汤阴白营遗址，竖穴土井发现于河南洛阳矬李和临汝煤山遗址。《周易》中又有"井卦"。从发现的早期水井资料看，新石器时代的水井均为居民饮用和制陶用水。由于时代的发展，古老的水井已大量消失，但作为村落生活场景中的重要组成，成为村镇景观的标志。

（5）水塘。水塘在中原多是一种自然形成的村落设施，无论山区，还是平原，都可见到。这样的水塘中原各地都有，豫南最多，村边田头随处可见。豫南许多村子水塘环绕，成为天然屏障。塘中的水虽然相通，但使用有严格的区分，如息县夏庄乡大金店村，东塘淘米洗菜，西塘涮屎盆尿罐，南塘洗衣涤物。河南其他不临河村庄的池塘，俗称"大坑"或"水坑"，是禽畜饮水、洗涤、建筑和抗旱种植的主要水源。当然，其灭火之功能显而易见。在炎热的夏天，村民洗澡也在此塘中，经常还可以看到"人畜共浴"的场景。

（6）石碾、石磨、石臼。碾、磨、臼是中原古老的谷物加工用具，在父系氏族社会时，杵臼舂米已成为人们尤其是妇女和少年的主要家内劳动，因此它是伴随着农业文明的形成和发展而出现的，是中原农业文明的标志。在《清明上河图》中的郊外村落中就有石碾的图像，生动地绘制了当时的先进生产工具。

（7）粮场。这是中原村落最为常见的生产设施，是用来打、晒粮食的。从外观上来讲，有长有方。场地都有明显的界线，有的还用泥垛的矮墙将其围住，故而有很多地方把场地称为"场院"。场的位置因地而宜，山区、丘陵地带的场地多设在村内空旷闲地或各家宅院大门前的空地，平原也有这种类似的情况，但大多是在村头不挡风的地方，便于使用。有一家一户的，也有几家共用的，甚至有全村公共的。

### （二）河南全国历史文化名镇（村）之景观特色

河南地处中原，历史悠久，文化底蕴深厚，有许多古老的村庄，如中国古代四大著名古城之一开封朱仙镇、古代阳城所在地的清代名镇道口镇、登封告成镇、周口市前身周家口镇等。然而，由于历史上的战争和自然灾害的破坏，河南古代乡村和城市的传统状况令人不安。近年来，随着经济的发展和旅游业的发展，对乡村建筑的研究就像雨后春笋一般，已经出版了一系列小册子和书籍，用于介绍中国的古代城市和乡村。但是，这些出版物大多数与河南这个文物大省不相匹配。2003 年，住房城乡建设部和国家文物局在全国重新宣布和修订了历史文化名城（村）的申报和评审工作。

2005 年 11 月 13 日，在江西省赣州市举行的全国乡村修复工作会议上，国家文物局宣布了第二套中国历史文化名城（村落）。先选出了禹州市神垕镇、淅川县荆紫关镇、郏县堂街镇临沣寨（村），作为河南省第一批国家历史文化名城。2006 年，赊店镇被评为第三批国家历史文化名城。从景观特征和区域文化传统的延续来看，这四个历史文化村镇已成为河南省的典型代表。

1. 河南乡村和城市的典型景观

作为河南省的国家历史文化名城，神垕镇、荆紫关镇、堂街镇临沣寨（村）、赊店镇在景观组成上具有共同之处和各自的特点。

这四个村镇的传统风貌以古街道为标志，现存大量明清时期的传统建筑群。在历史街区、古街道、古庙宇、水系和环境特征方面，基本上保留了传统的格局和景观特征，形成了一定规模的传统街区，这在古代战争频繁、现代经济落后的中原地区是非常难得的。

例如，神垕老街就是中原文化的缩影。它的原始位置最初是在肖河两岸的五个古老村庄（二道街、高老庄、朱园沟、茶叶沟、老窑坡），由东、南、西、北四座古寨和关爷庙、红石桥两个行政街道组成。唐宋以来随着陶瓷业的繁荣发展，将五个村庄逐渐融合为一片，形成了神垕镇。从聚落演进的角度来看，神垕是一个多堡成镇的典型。神垕老街俗称"七里长街"，形似巨型蝎子。清代民歌"进入神垕山，七里长街观，七十二座窑，烟火遮云天""七里长街，烟火柱天，日进斗金"，生动地描述和总结了"瓷都"的历史面貌。

荆紫关古街道由北向南延伸，分南、中、北三段，又被叫作"清代一条街"。现存的一街两行 2 200 多间民宅和 700 余间街面房都是清朝建筑，基本上保留了原始外观。街道上的房舍，一般临街的都是门面房，木板嵌成门面，昼抽夜闭，便于做生意。里面多是院落，两侧有对称的厢房，厢房一般都是后墙高、前墙低，一个坡面，屋深很浅，便于在狭窄的空地中对称建造，使其布局严谨，结构合理。每一个院落的门面房两侧前坡都有两米长的封火山墙，与皖南民居做法相似，起到防火的作用。

2. 传统文脉的延续

神垕镇、荆紫关镇和赊店镇的发展都是以商贸成集，随着商业的发展而成镇的。

（1）神垕镇。神垕镇位于河南省中部，是禹州、郏县、汝州三市县交界处的经济、文化、商贸中心，有千余年的历史，早在夏、商时期，这里已有人类从事农耕和冶陶。自唐代出现钧瓷以来，神垕逐步发展成为北方陶瓷中心之一，宋时称神垕店，至明代开始称神垕镇。明成化年间的《神垕真武庙碑记》记载："神垕之镇耕读冶者千家"，遂成七里长街。清代以后，此地依然是"日进斗金"之地。据《禹州志》记载，当时禹州是全国有名的中药材集散地，"入货多是药材，出货多是瓷器"，故神垕镇又以"钧都"闻名海内外，成为自唐宋以来驰名世界、独步天下的钧瓷发祥地。除钧瓷文化外，神垕镇传统建筑亦颇具特色，以老街、伯灵翁庙、关帝庙和地方民居最具代表。

根据考古资料显示，早在几千年前，神垕就是钧窑的故乡，神垕一直保留有烧制瓷器的历史，这就更加奠定了神垕的历史地位。经过多年的考古发现，神垕境内有多处钧窑遗址。

古代钧窑遗址是钧瓷发展的重要历史证据，这是见证钧瓷发展的重要资料。神垕镇的钧瓷技艺吸引着成千上万的人来到这里进行贸易交流，为古镇的旅游事业做出了极大的贡献。

（2）荆紫关镇。这是我国北方码头中水旱码头的典型代表，具有古香古色的特质，是至今保存最为完整和呈现一定规模的集镇。它南临丹江、北依群山，在众多古建筑和古街道的衬托下，显得尤为古朴。

早在西汉时期，荆紫关即成小集，始名"草桥关"，隶属丹水县，那时荆紫关已成为丹江上游的重要码头集镇。唐朝中叶，京都长安（今西安市）鼎盛，南方许多物资要经过"丹江通道"运往长安，此时荆紫关河运码头已发展到上、中、下三处，泊船上百只，航运和商贸繁荣，使小集不断繁华起来，逐渐形成集镇。明代随着丹江航运和商业贸易的更加繁荣，常住人口不断增多。1772 年后，这里的河运和商业贸易同时达到极盛时期，码头每天停泊各类船只数百艘，"帆樯林立，绵延十余里"。这时，荆紫关成为货运中心，一批批"外国货"被运到北部、中部地区在当地出售。同时，诸如生漆、桐油和中药材等土特产品从丹江流向汉口进入长江。南北的商人聚集在这里，可以说是"商贾辐辏、富甲全境"，形成了三大公司、八个帮会、十三个骡马店和二十四个大商行。各大帮会都建有自己的会馆或楼宇，这些古建筑有各自的特色，风格迥异，气势不凡，由此形成了古香古色的清代五里长街，沿河街上有专为船工、客商服务的饭店、酒楼、旅馆上百家。目前，清代五里长街原貌保存完好，河街周边环境和沿河吊楼尚存。

荆紫关人的经商意识，时至今日，仍是"十门九家店，十户九家商"。荆紫关作为一条保护完好的古代商业街道和景观风貌，是研究古代商业建筑和古代贸易不可多得的实物样本。

（3）赊店镇。赊店镇位于社旗县城东部，又名赊旗店，因汉光武帝举义兵赊旗而得名。清朝时为河南省四大名镇（朱仙镇、回郭镇、荆紫关镇、赊店镇）之一，老城区占地面积为 1.95 平方千米。2007 年，赊店镇被评选为第三批中国历史文化名镇。赊店镇有潘河和赵河环绕而过，这两条河又是唐河的源头，而唐河是古代著名的"茶叶之路"上重要的"黄金水道"。赊店镇由来已久，明清之际商业兴隆，民间有"金汉口，银赊店"及"天下店，数赊店"之称。其实赊店镇最早开埠于明朝万历年间，至清朝乾嘉年间达到鼎盛，成为"地濒赭水，北走汴洛，南船北马，总集百货"的豫南巨镇，镇上人口达到了 13 万之众，为中原、江南数省货物集散之商埠。

赊店镇的著名文物遗址有山陕会馆、火神庙、福建会馆等。山陕会馆始建于清乾隆二十一年（1756 年），经嘉庆、道光、咸丰、同治、光绪等朝代，耗时 136 年才建成。此馆由秦晋商会捐银数万余两，堪称天下一绝，1988 年被国务院定为全国历史文物保护单位。会馆坐北向南，采用我国特有的中轴对称式的传统风格，主体建筑呈前窄后宽之势，共三组建筑，三进院落，错落有致，气魄非凡。山陕会馆以其雄伟的建筑、精美的雕刻艺术和丰富的商业文化内涵赢得了国内广大专家学者的一致赞誉，堪称中国会馆之最。火神庙始建于清雍正三年（1725 年），竣工于雍正六年（1728 年），占地面积 2 890 平方米，因当时镇内制造烟花爆竹的"炮房"较多，而镇内建筑多为砖木结构，易发生火灾，为祈求火神保佑而建此庙，2002 年 9 月 25 日被河南省人民政府公布为省级重点文物保护单位。福建会馆兴建于嘉庆元年，位于瓷器街南段西侧，坐西向东，面阔 5 间，二进院落，占地 790 平方米，是福建商人通商情、叙乡谊的聚集场所。姜家大院始建于清雍正元年（1723 年），原有房舍198 间，占地 1 000 余平方米，纵深为"一进四"格局，横向有正院、侧院、陪院，2003 年被公布为县级文物保护单位。

古码头是赊店连通南北的交通枢纽。该码头北通冀、鲁、津及内蒙古地区，南连云、贵、川、鄂、湘、赣、粤、闽等省，是南北货物的交接聚集中心。赊店码头沿岸均设有青石铺就的下货台及向岸上运货的石台阶，周长达一千余米的码头上日夜装卸货物不停，极盛时等待进入码头卸货的船只沿赵河排列达数里之长，数百艘之多。为缓解赵河北岸的压力，赊店商人又在镇之东北潘河之岸设立了专门装卸由南方而来的竹木、土产山货等货物的码头，从而形成了南、东分货的双码头格局。

## 三、文化图示：唐宋园林与山水图式

中国园林是个纷繁庞大的体系，涉及面广。这里所提的"唐宋园林"的概念不是按简单的历史学方法对朝代进行划分，而是依据园林史发展的不同阶段，按周维权先生在《中国古代园林史》中的观点，把中国古典园林的整个发展历程分为生成期、转折期、全盛期、成熟期和成熟后期五个时期，而唐代是全盛期，宋代属于成熟期的第一阶段。从"山水图示"入手，正是我们观察、认识园林发展进程和模式的一个角度和方法，可以更好地把握"园林"这一特殊建筑艺术形式发展和转变的脉络。河南在唐宋时期的历史地位、园林遗存、文献资料足以说明其与"唐宋园林"的不解之缘。

### （一）河南传统园林起源的探讨与分类

1. 河南传统园林起源的探讨

对河南传统园林起源的探讨可从三方面来分析：一是审美观念的形成是黄河流域原始居民人与自然之间关系的体现。新石器时代的考古发掘，已经确定了早期原始居民的生活环境与自然环境。人类艺术和审美的觉醒使人与自然的关系已开始从自然崇拜向自然审美方向发展，人们开始把自然界的名山大川逐步当作审美对象，这是园林观念形成的初步条件。二是夏都"桑林"的确定。"桑林"把中国古典园林的历史向前推进了数百年，也是河南园林起源的最早记载和推测。据古代文献和考古证实，河南传统园林起源于夏商周三代时期，如商都西亳的宫苑、西周洛邑王城和成周城。西亳在宫城外东北侧发掘出一东西长 130 米、南北宽 20 米、深约 1.5 米，周边石块垒砌的人工开挖水池，是现今考古发现的中国早期都城最大的人工水景宫苑。周代洛邑的园林有王城四郊的祭祀天地的社坛园，有城内的祖庙园、宫苑和宫中台苑。三是保留至今的最古老园林遗存是春秋时期卫国的官方竹木园，被称为"华夏第一园林"的淇园。淇园位于太行山东南麓淇水两岸的河南鹤壁市淇县境内。据《淇县志》记载："淇园在县西北三十五里淇水之奥，右多竹。卫人美武公之德，赋《淇奥》即此。"谢灵运的《山居赋》中注："淇园，卫之竹园。"并说明《诗经》中的《淇奥》《竹竿》篇所提到的地方就是这座御园。淇园在历史上遭到两次大规模砍伐，一次是汉武帝时期"斩淇园之竹木塞决河"，另一次是东汉光武帝刘秀"伐淇园之竹，为矢百余万"，使淇园走向衰败。据《唐六典》等文献记载，淇园至少在魏、晋以后还有一定规模。

由此可以推知，早在夏商时期，河南传统园林已经萌芽，成为中国古代园林的起源之一。

河南传统园林作为中国古典园林的一个组成部分，深受中原文化、历史环境以及社会环境等因素的影响，体现了中国古典园林造园手法的精髓和独特韵味。同时，作为唐宋园林相对集中的一个地区，河南的园林又因其地域性和民俗性特点，在形式和内容上与同时期其他地区的园林有所不同。河南园林在自身的发展过程中，曾经影响过中国古典园林体系的整体发展趋势，这正是探讨唐宋园林与山水图式的关系的意义之所在。

2. 主要分类

中国传统园林在发展过程中逐渐形成了自己独特的艺术风格,并产生了不同的类型,通常按从属关系可分为皇家园林、私家园林、寺观园林等。园林的发展经历了汉、唐、宋三代,然后在园林的发展中达到了比较高的艺术境界,对后世产生了极其深刻影响。宋人邵雍说过:"人间佳节惟寒食,天下名园重洛阳";苏辙也曾指出,洛阳"园圃亭观之盛,实甲天下"。河南古代历史上的著名园林苑囿不胜枚举,汉唐洛阳有上林苑、芳林苑、西苑、鸿德苑、显扬苑、长利苑、灵琨苑、菟苑、灵囿、西苑等;北宋东京开封有琼林苑、金明池、宜春苑、玉津苑、一丈佛园、王太尉园、孟景初园、奉灵园、灵嬉园、麦家园、虹桥王家园、下松园、王太宰园、蔡太师园、养种园、药梁园、童太师园、庶人园等,《东京梦华录》卷六云:"大抵都城左近,皆是园圃,百里之内,并无闲地。"

北宋以前,河南(特别是洛阳和开封)是中国许多朝代的政治和经济中心。河南的园林发展受到当时社会、文化、政治和经济的深刻影响,反映了当时中国古典园林的整体发展趋势和地位。由于河南位于北方并多次被当作帝都,河南园林的发展不仅具有中国古典园林的共同特征,还具有深厚的地域和时空特征。

(1)皇家园林。皇家园林是皇帝和皇室的私有财产。在古代书籍中又被叫作苑、宫苑、苑囿、御苑等。皇家花园虽然是对景观的模拟,但在园艺方法和效果上尽可能地展现了皇家风格。同时,通过从私家花园中提取园艺艺术的养分,提高了宫殿园艺艺术的水平。此外,皇帝能够利用其政治和经济特权来占领大片土地,建造自己的园林,园林规模远远超过了私人园林。

皇家园林面积大,规模大,并且有着代表性的房屋。寺庙和名胜古迹经常被集中仿建在园林中,通常以主体建筑为中心。建筑物通常占据主导地位,具有规模大、庄重且色彩艳丽的特点。洛阳西苑是河南历史上著名的皇家园林。西苑造于东汉顺帝阳嘉元年(132年),初始假山池塘、凉亭水榭、花草树木、飞鸟游鱼等已无不具备。隋炀帝营造东都洛阳,大兴土木,西苑的范围超越汉魏时期。

(2)私家园林。私家园林一般属于民间的官僚、文人、地主、富商,古籍里面称之为园、园亭、园墅、池馆、山池、山庄、别业等。私家园林大多由文人、画家设计营造,所以主要体现出士大夫阶层的生活态度和艺术情趣。加之受隐逸思想的影响,私家园林的风格多朴素、淡雅、精致、亲切。

私家园林多处市井之地,与私家宅院相结合,布局常取内向式,即在一定的范围内围合建造。它们一般以厅堂为园中主体建筑，景物紧凑多变，用墙、垣、漏窗、走廊等划分空间，大小空间主次分明、疏密相间、相互对比，构成有节奏的变化，并常用多条观赏路线联系起来，道路迂回蜿蜒，主要道路上往往建有曲折的走廊。池水以聚为主，以分为辅，大多采用不规则状，用桥、岛等使水面相互渗透，构成深邃的意蕴。

中国古典园林，特别是私家园林，被称为"文人园林"。这是因为中国古典园林与中国传统文化有着密不可分的关系。隋唐时期，洛阳作为陪都，造园之风日益盛行。宋代苏辙曾经说过："洛阳贵家巨室，园囿亭观之盛，实甲天下。"作为北宋的首府，开封是文人进行造园活动的最佳地点。当时受到了山水文学的影响，河南的私家园林更充分地体现了文人的审美思想和诗画对园林手法及意境的影响。深受中国传统文化熏陶影响的学者特别喜欢园林，他们不仅著文描述某些名园，如李格非的《洛阳名园记》，还经常参与园林的具体规划和设计，将他们社会生活理想落实在具体的园林建造中。

宋代士人往往通过园林题咏将自己的审美理想、政治愤懑寄托于其中，园林成为重要的抒情载体。园中的各景点都有寓意深远的题名，如宰相富弼的洛阳私园"富郑公园"，园中诸景皆有文学性题名：探春亭、四景堂、重波轩、土筠洞等。

（3）寺观园林。寺观景观即佛寺和道观的园林，也包括寺观内外的园林化环境。佛教在东汉时期从印度传入中国，佛教作为一种宗教形式开始流行。佛教和道教的传播使寺观园林作为一种宗教园林开始大肆出现，由城市到近郊然后逐渐遍及远离城市的山野地带。

寺观的特征如下：一是具有一定的公共性，寺观对广大的香客、游人、信徒开放；二是具有较稳定的连续性；三是选址有较强的适应性，一般重视因地制宜，因势制胜，大多选择自然环境优美的名山大川和古迹胜地；四是讲究内部庭院的绿化；五是注重超脱尘俗的精神审美功能。

由此可见，当时洛阳的寺庙园林丝毫不逊色于私人花园，与后者没有什么不同。

河南地处中原，园林建筑在风格上属北方园林，加之特定的人文和地域因素，形成了自身的地域特征。河南优越的地理位置、便利的交通和适宜的气候为园林建设奠定了良好的基础。

中国园林讲求意境，人们对园林意境的感知在很大程度上依赖于虚景的诱导，以及虚实对比意趣的感染。中国园林常以虚实相生手法营造通透的空间，讲究"处处邻虚，方方侧景"，强调建筑本身的通透，以便多方借景对景。中国传统园林常以山为实景，以水为虚，广纳湖光山色，以有景物处为实，以空留处为虚，以近景物为实，以远景物为虚等，广泛应用虚实手法。

在河南传统园林布局中借鉴中国画散点透视原理，引入运动和时间要素，从而形成多维空间效果，具体表现为空间序列与景点的节奏变化，游览路线的曲折、穿插，配合参差错落、多姿多彩的景物使游人在游览中获得应接不暇的视觉体验。步移景异之妙处还在于使有限的空间体现最大限度的审美价值，景点应与周围环境多方契合，形成多种景观画面，使游人在不断驻足，多角度、多方位品味景点的过程中，随着时间的推移、脚步的移动，产生无穷的感受。步移景异极大地丰富了有限的空间，并且能带来多样的视觉感受，因此是"小中见大"的造园手段。

洛阳金谷园是西晋天下名园，可作为中原官僚富豪园林的杰出代表。金谷园是西晋大富翁石崇建造的园林别墅，因金谷水灌注其中，遂得名。《晋书·石崇传》云，金谷园"或高或下，有清泉茂林，众果、竹、柏、药草之属莫不毕备，又有水碓、鱼池、土窟，其为娱目欢心之物备矣。"

### （二）山水理念与园林景观模式的演变

"山水"一词可泛指自然环境景观，是人类赖以生存的空间场所。中国传统文化赋予山水以深层含义，即儒家文化所倡导的"智者乐水，仁者乐山；智者动，仁者静"的理念，这影响了中国人自然观念和园林景观模式的形成。对自然来说，人工的一切创造物都是异己的、对抗性的。人通过自己的活动使自然人化，并创造出人化的自然，这种被人化的自然不再是真正的自然。园林形成的过程正体现了这一人化自然的过程，自然界中的山水从神秘、令人恐惧的外部世界，变为被人类了解、改造的，审美的对象。在这一变化过程中，西周之前，山水仍被视为自然界的神祇所在而被人祭拜，西周晚期对自然山水的审美意识开始显露，到春秋时期，已开始游览自然山水和在自然山水中建造宫苑。秦与西汉时期，"一池三山"的形式在秦太液池中出现，并作为迎候神仙的一种手段，这种象征性的山水模式贯穿了中国园林发展史的全过程。东汉时期，园林中人工山水的营造已完全出于审美的需求，由神仙说所建构的理想化的生存环境模式已逐渐被人们接受，成为人与自然和谐共生、亲近自然、超尘脱俗的生活方式的选择。"山水图示"成为中国古典园林从表象到内涵的一个重要标志，在有限空间里造园的过程中，随着实践产生了一系列程式化的设计手法，"一峰则太华千寻，一勺则江湖万里"的山水图示成为跨越时空、哲理性极强的文化象征。

中国古典园林被称为山水园林，"叠山"与"理水"成为打造山水景观的主要途径。从秦代的"一池三山"发展到唐宋的皇家园林及文人园林，可以看出，唐宋园林的山水模式在以下两方面发生了转变。

一方面是以山为主的山水模式向以水为主的山水模式的转变。唐宋前的园林主要采用写实的、一对一的手法去摹写自然，如太液池中的海上仙山、东汉梁冀园中"十里九坂，以象二崤"的大规模模仿真山真水的造园活动，山成为造园的主题。依据《洛阳名园记》的记载，北宋洛阳的私家园林基本上没有叠石的记录，空间比较开阔，很多景的设置是可观不可游、可远不可近。由此可以推断北宋洛阳私家园林是以大面积水面为主体景观的。例如，东京顺天门外皇家园囿金明池，《东京梦华录》记载："周围约九里三十步，池西直径七里许。"池岸建有临水殿阁、船坞、码头等。池中央有岛，建有圆形回廊及殿阁，以桥与岸相连。

另一方面是由摹写自然山水到写意的自然山水的转变。唐宋时期士林崛起，文风日盛。文人士大夫的审美趋向和唐宋山水画论对园林的建造产生了影响，他们还自建私园，将诗情画意融入园林之中。例如，唐代王维建辋川别业，白居易建草堂，李德裕建平泉山庄等，达到了"咫尺千里""小中见大"的效果，以写意的手法改变了秦汉以来摹写自然山水的写实手法。这种造园方法在宋代已经非常普遍。例如，宋徽宗时，于开封东北角仿杭州凤凰山形势，筑万寿山，后改名艮岳。这座园林周长40余里，最高峰却只有90步。九十步之峰"与泰、华、嵩、衡等同"。山上筑有亭台楼阁，山下开凿池沼洲渚。"山林岩壑日益高深，亭榭楼观不可胜记，四方花竹奇石咸萃于斯，珍禽异兽无不毕有。"

乡村建筑和文化景观是河南传统环境的缩影。在某种意义上，地域建筑是指在特定地域环境中所形成的一种文化景观，是综合建筑、自然、社会等环境因素构成的。具体而言，在物质层面，民居建筑是乡土景观的主要构成，村落是一种社会景观，园林成为一种审美景观。在文化层面，三者都具有世俗性。因为中国传统社会是一个非宗教、非艺术的社会，居住建筑成为人伦生活的象征；传统村落的形成不是靠宗教的力量，而是靠宗法血缘；园林一开始即"可居可游"，经过长期发展，成为中国人环境观念和居住行为的集中体现，成为世界园林史和建筑史上的一枝奇葩。尤其在禅宗的影响下，园林设计理念和手法表达了东方的文化精神和设计本质，发展到今天仍具实用价值和生命力。

## 第三节　中原公共建筑与文化传承

### 一、文化礼制：明清衙署与会馆建筑

#### （一）河南明清衙署建筑与制度文化

1. 河南衙署的建筑特色

衙署，俗称衙门，是古代官式建筑的重要类型，与古代官制密切相关，虽形成固定的形制，但又因城市状况、地理风俗的差异而具有不同的地域特点。河南地区现存的明清衙署建筑是中国古代官式建筑的代表或孤例，如内乡县衙、南阳府衙、叶县县衙、密县县衙等，其建筑特色主要体现在以下几点。

第一，明清衙署的标准规制。内乡县衙是国内保存最完整的清代县级官署衙门，被誉为"神州大地绝无仅有的历史标本"。其主体建筑均坐北向南，沿中轴线对称布局，主从有序，中央大堂，两侧辅助，构成典型的衙署建筑格局。内乡县衙整组建筑以大堂、二堂、三堂为主体，其中又以大堂为中心建筑，内宅和其他建筑都是围绕三大堂而建，由此显示出统治者的权威，布局上严谨统一。为了更加强调大堂的庄重严肃，在大堂前布置了一系列的庭院和建筑，先是宽阔高大绘有警示图案的照壁，此后东西分列过街牌坊（有的地方为东西辕门），接着是宣化坊、首郡坊或者钟鼓楼，然后才进入大门，大门之后是仪门，仪门后东西两侧列置吏、户、礼、兵、刑、工六房以及承发司、永平库。仪门与大堂遥相对应，戒石坊耸立其间，横额上写着"公生明"等字句，石板或青砖街道宽阔平直，自前至后渐次见高。所有这一系列布局手法都渲染烘托出大堂的重要地位。

第二，合院组合的群体布局。四合院建筑本身就具有内向、封闭的特点，与传统宗法社会的等级制度相适应。河南衙署建筑与北京故宫的群体布局有相似之处，亦采用沿中轴线对称的围合型布局，通常由三条纵轴线将整座衙署统一在主次分明的长方形大院内，以中轴线上的主体建筑为中心，厢房、配房为辅，每个院落自成一体，有不同的功能。各个院落在规模、体积上差别较大，如大堂、二堂是办公、理政的主要场所，是整个衙署建筑群体的中心，其后是居住部分，即所谓"前衙后邸"的格局。

第三，等级分明的建筑单体。衙署建筑的单体造型具有传统木构架建筑的典型

特征，在形体上变化不大。在明清官式建筑标准化、定型化的制约下，衙署建筑单体受到宋代《营造法式》和清代《工程做法》的影响，建筑造型单一。例如，南阳知府衙整体坐北面南，南北长240米，东西宽150米，占地面积36 000平方米。现存古建筑30多座，140余间，位于中轴线的建筑有照壁、召父杜母坊遗址、大门、仪门、大堂、寅恭门、二堂、官宅大门、三堂、后园。两侧建筑有石狮、撇山影壁、仪门东配房、大堂耳房、大堂厢房、寅恭门配房、寅恭门厢房、二堂厢房、二堂配房、官宅厢房、三堂配房、宾兴馆等。主体建筑大堂斗拱较小，出檐深度不大，柱径与柱高比例为1：10，少有生起、侧角和卷杀，梁枋硕大，屋顶平直。大堂建筑多采用无廊式，减去前排金柱做法，以扩大室内空间，堂正中设公案，两侧列"肃静""回避"牌及其他仪仗等，与院落形成一体，肃穆空旷。在三大堂建筑造型的影响下，其余建筑除了形体上略显矮小外，几乎没有多大变化，单体建筑具有稳重、严谨的风格。

2. 河南衙署的文化内涵

建筑是文化的物质载体，衙署是封建政权的标志和象征。河南衙署建筑的文化内涵主要有三个方面。

（1）古代官制的具体体现。衙署作为封建社会行政办公的场所，体现出古代官制和等级制度。中国封建社会有着漫长的发展史，但保留至今的知府治所，除了苏州遗有一通平江府治石刻，以及洛阳新近发现一处北宋府衙遗址外，只有南阳府衙，其他郡守治所无一处存留，连其遗址也十分罕见。南阳府衙历经700余载，虽屡兴屡废，但基本保留了明代的建筑规制和清代的建筑风格，是北京明、清两代故宫在地方的折射和缩影。据《明史·地理志》载："南阳府洪武之初因之，领州二，县十一。"府衙在元故址上修葺并加以扩大。清代，南阳府衙仍为府治处所。

（2）宗法社会的建筑秩序。在叶县县衙建筑布局中，处处体现出封建等级制度。例如，"左尊右卑"，府衙以左为尊，有府承（七品）、主簿（八品），府承居东，主簿居西。寅宾馆多设在东南，东南为巽地，较为尊贵。"左文右武"，六房均居大堂前，其排列按左右各三房，东列吏、户、礼房，西列兵、刑、工房。"监狱居南"，各府衙监狱均居大堂西南，仪门之外，故俗称"南监"。

（3）南北交融的地域特征。府衙建筑群将北方四合院和南方廊庑形式巧妙地结合运用，如内宅门与三堂之间由东西房及廊庑相连接，形成独立的院落。府衙单体建筑多采用南方建筑厅堂轩敞的处理手法。其结构形式将南方的穿斗式与北方的抬梁式巧妙地结合起来，如二堂的梁架等，是研究豫西南地方建筑技术的重要实物。府衙三大堂及大多数建筑的构件多与清官式建筑相同，但又灵活运用了许多地方建筑手法，如额枋与平板枋呈"T"形，这与清官式建筑做法不同。额枋与柱头平齐，平板枋置于其上，承托斗拱，此做法具有典型的宋金元时期建筑构造的特点，为研究清代豫西南地方建筑技术的发展提供了珍贵的实物资料。

### （二）河南会馆建筑与商业文化

1.河南会馆建筑的遗存

河南省位于中原地区，是中华民族的发祥地之一。几千年来，河南在中国的政治、经济、军事和文化中占有重要地位。河南北有黄卫，南有江淮，东西有古道关隘，一直是南北货运的中转站和分销枢纽。一项研究表明，目前河南省现存的会馆建筑共 15 处：社旗山陕会馆、开封山陕甘会馆、周口关帝庙、洛阳潞泽会馆、舞阳北舞渡山峡会馆、洛阳山陕会馆、朱仙镇关帝庙、商丘陆陈会馆、禹州怀帮会馆、郏县山陕会馆、唐河陕西会馆、潢川光州会馆（"三义观"）、淅川荆紫关的山陕会馆以及济源关帝庙和新乡关帝庙。这 15 处中有四处称"关帝庙"，一处称"三义观"，虽名称不一，但性质相同，均属会馆一类。15 处中除潢川"三义观"仅存铁旗杆一对、舞阳北舞渡山峡会馆仅存木牌楼和一小殿堂外，其余 13 处保存较为完整。从这些会馆的分布来看，它们主要集中在交通要隘和政治中心城市。例如，周口位于淮河上游支流颍水之畔，是河南东部与江南地区商品流通的重要枢纽；社（赊）旗位于汉水上游支流唐河沿线，是河南西部乃至山、陕两省与湖广地区商货往来的转运码头；而北舞渡正是周口与社（赊）旗两大商镇之间的以货物转运为主的水陆过载码头。

河南省现存的会馆主要创建于清初和清中叶，主要是在顺治、康熙、乾隆、嘉庆和道光年间，前后历时 180 多年。河南省现有的这些会馆均由同乡和同业建造。例如，社旗山陕会馆是由秦、晋两省的茶、盐和布匹商贩建造的，禹州的怀帮会馆由怀庆府一带的药商集资而修。他们的目的是接客迎士，商贾联谊，从事行业活动并保护共同利益。这些会馆不同于纯粹性乡祠，不是根据住宅的建筑形式建造的，而是根据寺庙和宫殿的外观采用传统方法建造的。总体而言，它们都是由封闭的庭院组成，包括钟鼓楼、照壁、门庭、大拜殿、铁旗杆、戏楼、牌坊、东西厢房、东西配殿，从前到后沿中心轴，布局是对称的。戏楼和春秋楼体现了会馆建筑的独特风格。会馆内建造戏楼主要用于组织大型的庆祝活动和祭祀时期拜神祇。河南省会馆中有七座戏院建筑，形式各异。有的在会馆的门庭处，如洛阳潞泽会馆，前为庭，后为戏楼，连为一体；有的在会馆的前院，如社旗山陕会馆、开封山陕甘会馆、禹州怀帮会馆多与过厅相连；周口关帝庙和荆紫关山陕会馆的戏楼则建在中轴线之中段。河南省现存的会馆中，唯有周口关帝庙春秋楼尚存，其余皆毁。

2. 商业文化对河南会馆建筑的影响

会馆，又名"乡祠"，也称为"公所"。它原为旧时城镇中由同乡或同业组成的封建性团体，是一种自治、自束和自卫的社团机构，而不仅仅指这些建筑物遗存。会馆起源较早，汉代京师已有外地同郡人的邸舍。南宋时期，杭州有外郡人为同乡谋公益的社会组织，但人数和规模有限，在当时还不称为会馆。会馆的名称最早见于明代，清代会馆盛行。会馆通常以省、州、县的名字命名，具有区域性和行业性的特点，如山西会馆、陕西会馆、江西会馆和广东会馆。也有以相邻区域的组合命名的会馆，如山陕会馆、两广会馆、广肇会馆、潞泽会馆、山陕甘会馆等。京师的会馆大多是由官僚士绅等所组成的，而商贸城镇中的大多数会馆则是外地工商行帮之机构。就会馆建筑的性质而言，有纯同乡性的会馆（一般称同乡会）、纯行业性会馆和同乡性兼行业性会馆。

（1）会馆建筑是商品经济发展的产物。作为中国城镇中一种独特的公共建筑，会馆在古代商业、建筑和艺术的历史中占有重要地位。商人会馆是明清时期出现的一种新型建筑，建筑特色非常突出，规模大、装饰精美、风格华丽，分布广泛，本地风格明显，保存时间长，影响大。这与明代中期以后商品经济的迅速发展、贸易集团实力的增强、商人社会地位的提高、社会氛围的变化以及贸易文化的兴起有着密切的联系。因此，商人会馆建筑凝聚着寓居他乡商人寻找失落的乡土宗族情结，渴求社会认同的心理，宣扬商业伦理道德、塑造"良贾"形象的深刻的文化韵味，反映了中国封建社会晚期商品经济发展对社会的影响，以独特的语言形式向人们展示了明清商人的价值追求、角色心理和道德观念等。会馆建筑与当地风俗习惯相互融合而并存，共同构成了一个具有多元化与多义性的特定人群聚会的场所。

（2）会馆是商业实力的体现。明清商人会馆的特点是规模大、装饰精美，这当然与商人的经济实力、社会的影响和商人的审美情趣有关，而潜在的心理原因则是商人渴求通过会馆的宏大规模与豪华铺陈展示自己的经济实力和社会影响力，与传统的"贱商"观念抗争。在中国古代社会，有关建筑的限制非常严格。特别是在明清时期，政府针对不同类型的建筑的材料、布局、规模和装饰都做了明确的规定。《明会典》中有"房屋器用等第"专条，对各种身份的人所能享受的建筑等级作了严格限制，如"官员盖造房屋并不许歇山转角，重檐重拱，绘画、藻井"，"庶民所居房舍不过三间五架，不许用斗拱及彩色装饰"。

清朝法律将建筑物分为三类：殿式建筑（宫殿、庙宇），大式建筑（官绅府邸）和小式建筑（民居）。但是，从明清商人会馆的现有建筑物来看，无论是整体方案、装修还是材料，都完全超出了法律允许的范畴。在建筑布局方面，稍大的商人会馆采用宫殿或庙宇的布局。在材料方面，皇家使用的楠木和玻璃制品等无处不在。

（3）会馆是商人追求的寄托。在装饰技术上，和玺彩绘、多层斗拱、藻井、重檐庑殿顶等最高级别的装饰皆用于会馆的各类殿堂。商人会馆之间还相互攀比，争奇斗艳。这种违制越礼的建筑之所以能在当时社会得到认可，一方面是因为商人有意巧妙地将会馆与神庙建筑混而为一，借神庙之制抬高会馆建筑的规格。另一方面，也是因为明中叶以后商品经济的发展使封建等级伦理制度受到冲击，商人社会地位的提高激励着他们以种种方式冲破传统观念的束缚，寻求社会对他们的价值认同。

在社旗山陕会馆的木雕和石刻中，十八个罗汉也潇洒地过海，媲美道家的八仙过海；释迦牟尼也同儒家观念所推崇的那样孝敬母亲摩耶夫人等。诸如此类的场景不胜枚举，它们使儒、佛、道在这里达到了深层次的融合。山陕会馆的建造者们就是这样巧妙地以供奉有盛名圣德的关圣公的名义，创造了一个鼎盛的儒、佛、道结合的道德教育场所。

（4）会馆是商业文化的载体。社旗山陕会馆现有九种碑文，其中七种碑文概述了商业道德规则和馆堂建设活动。它们是初刻于清雍正二年（1724 年）、重刻于同治元年的《同行商贾公议戥秤定规矩》碑，立于清乾隆五十年的《公议杂货行规》碑，立于清道光二十三年的《过载行差务》碑，以及记述山陕会馆创建活动及捐资、开支情况的《创建春秋楼碑记》《南阳赊旗镇山陕会馆铁旗杆碑记》《重兴山陕会馆碑记》《重建山陕会馆碑记》。其中，前三块碑石是现今存世最早、信息也最为全面的一种商业道德规则碑记，可以说是全国第一。

3. 河南会馆建筑的艺术特色

（1）建筑空间。会馆建筑在空间方面具有场所性、公共性和流动性，会馆主要布局是院落式，主要由戏楼、厢楼（耳楼）、正厅、后殿及居住用房（厢房或小院）组成且对建筑装饰十分看重，外观一般均较华丽。因财力、人数等原因，会馆建筑规模或大或小，但戏楼、厢楼、正厅和后殿几部分是必不可少的。在社旗、周口、舞阳北舞渡等城镇众多的建筑形态中，会馆是一种较为特殊的、规模较大的群体建筑，由其功能、意义的公共性与使用的集群性而确定了空间形态的公众意识，即空间体量宽泛的容纳性与外部形式的视觉聚集力。在众多低矮、狭窄的民居群体中，会馆体量高大而空间宽敞，布局较规整并极尽装饰之能事，无论入口、内庭还是室内空间，均有极精美的雕刻绘画，色彩绚丽，赫然屹立于古城灰暗的环境中。这里成为民间工匠竞相逞技、各显其能的用武之地，是民众自觉、自愿捐资出力建成的，不同于为官府的无奈或为自家的私心，更多的是为营建一种寄托内心希冀与炫耀之物。建筑因而既非官府衙署的宏大威严，又非普通民居的小巧质朴，而是兼而有之的，具有公共性特征的建筑群体。

（2）独特单体。一般情况下，会馆中的主体建筑均沿轴线布置，而正厅、后殿等多为歇山屋顶，用彩色琉璃瓦，戏楼则结合戏剧特点，正殿、配殿、庙堂、戏楼、馆舍、钟鼓楼、庖厨、库房等无不毕备，使会馆集祭神、乡聚、娱乐、寓居等功能于一体，具有较浓的人情味。

明清商人会馆建筑的功能主要表现为祀神、合乐、义举、公约四个方面。会馆中的各类大殿和附殿是商人祭祀神灵之处，它反映了商人的宗教信仰和价值追求，同时也起着以神道助教化的作用。商人会馆建筑中的戏楼，使人们在休闲娱乐中沟通了情感，增强了贸易关系，以便形成互惠互利，和衷共济的贸易原则。

戏楼是会馆的重要建筑物之一，也是其他建筑群体中不多见到的类型，通常把它建在会馆的中心位置。开封山陕会馆和洛阳潞泽会馆都将戏楼建在中轴线的前端；周口关帝庙将戏楼建在前殿和大拜殿的中间；荆紫关的山陕会馆将戏楼建在中部，这都是根据会馆的需要和整体布局来定的。河南省现存戏楼10余处，且分布广泛，豫南6座，豫东、豫西、豫北各2座，代表了不同地区戏楼的特征。河南戏楼平面多采用方形或者矩形，有个别为长方形，面积较大，四周设置雅座、楼座，中间为池座，如逢婚丧嫁娶，在池座中摆设筵席，戏台上仍可照常演戏。戏楼内部空间宽大，布局合理通风采光良好，楼内非常明亮。戏楼所有梁架不做吊顶，均裸露在外，梁枋上都绘有彩画，悬挂的各种匾额比比皆是。河南现存的主要会馆戏楼有社旗县山陕会馆悬鉴楼、洛阳潞泽会馆舞楼、周口关帝庙戏楼、开封山陕甘会馆戏楼、洛阳山陕会馆戏楼、郏县山陕会馆戏楼。

（3）雕刻装饰。会馆作为商业性质的公共建筑，巨商富贾为了炫耀本地区商人的富裕或本行业的兴盛，往往不惜巨资，招各地能工巧匠，对会馆建筑加以装饰、美化。例如，开封山陕甘会馆从前边的照壁到最后的大殿，全用砖雕、木雕进行装饰。照壁高8.6米，长16.5米，厚0.65米，庑殿顶上覆以绿色琉璃瓦，正脊为浮雕花脊，垂脊为透雕奔狮，南北两檐下均为砖雕人物、山水、花果、鸟兽等。

## 二、文化融合：佛学东渐与宗教建筑

### （一）佛教文化在河南的传播

1. 佛教东传与中国化的传播过程

在中国历史上中外文化有三次大的交流、碰撞。一是佛教的传入，禅宗的出现是佛教中国化的主要标志。二是基督教的传入，它在唐代传入中国，如洛阳龙门石窟宾阳洞口的爱奥尼克柱式，是东西方文化交流的例证，距现在已有1 000多年。三是现代西方思想（包括马克思主义）的传入，这些思想从五四运动开始，已经在中国传播了一百多年。

从文化发生学和文化传播学角度看，任何外来文化在中国生根一般需要具备三个条件：（1）适应中国的社会需要。禅学中国化的关键一步，就是顺应了儒、道、释合流的总趋势。（2）改变其原生形态，即产生变异。（3）与中国的传统相结合，即取得中国化的形式。

佛教是世界三大宗教之一，起源古代印度，创始人释迦牟尼，原名悉达多，俗姓乔达摩，释迦牟尼是佛教徒对他的尊称。在传入中国之前，佛教已有五百多年历史，曾向东、向西发展，只是向东传播时佛教才最终找到了知音。佛教没有取代中国本土宗教，而是与它们和平共处。

佛教早期的修行方式难以被中国人接受，中国人进一步发挥了印度大乘佛教"现世"的思想，创立了净土宗和禅宗。禅宗主张"思维修"，只要"顿悟"人人都可以成佛，简化的成佛途径和平民化的教义打破了名门贵族对成佛的垄断，打破了对成佛的神秘感，告诉人们佛教是贴近人们日常生活的一种宗教，提供进入天国的方便之门。禅宗的佛性说及顿悟成佛说是对心性论的重要发展，其倡导的出世与入世圆融一体的生存方式，与儒家人生理想相契合而成为典型的中国化的佛教，并对中国文化的发展产生了深远的影响。

佛教中国化后形成的禅宗是历史上外来文化与本土文化成功融合的范例，促进了中国文化的发展。反观中国文化史时，必然会触及禅（狭义：南宗顿教），越深入研究中国文化史就越感到禅的存在，越能感受到禅的力量，禅宗成了中国佛教的代称，其文化意义远远超出了宗教范畴。河南嵩山少林寺作为禅宗"祖庭"，在佛教中国化的进程中占据着重要地位。中国佛教寺院是随佛教的传入而出现的，是佛教中国化的一个表现。

2.河南佛教寺院的历史分布

佛教是汉明帝时期传入中原的，它的传播与修造佛教寺庙等建筑活动有紧密的联系。始建于东汉明帝时期的白马寺是中国最早的一所佛寺，印度高僧迦叶摩腾和竺法兰就是在白马寺译出了最早的汉文佛经《四十二章经》。寺院的分布、扩展对河南历史和中原文化的演变发挥了重要作用。

佛教寺院在河南的地理分布十分广泛，从早期的东汉至明清时期，有相当大的变化，反映出以洛阳、开封为中心的地域特色，显而易见，政治地缘的作用十分显著。东汉末年，白马寺曾遭遇兵火洗劫，并在三国时期得到恢复，继续发挥作用。西晋时，洛阳成为佛教的中心之一，分布着大大小小佛寺 42 座。

洛阳是东汉的都城，西域商贾、移民等在此聚集。佛教寺院雏形出现在明帝永平年间，桓帝、灵帝以来逐渐发展，不但宫中有浮屠祠，而且城内也有佛寺。西晋建都于洛阳，带动了此地佛寺的发展，后来洛阳佛寺数量冠于全国。北魏统治阶级笃信佛教，迁都洛阳以后，洛阳再次成为北方的佛教中心。孝文帝在洛阳建报德寺，宣武帝又建瑶光寺、景明寺和永明寺。胡太后建造的永宁寺及佛塔，可谓"殚土木之工，穷造型之巧"。著名的龙门石窟也开始凿建。诸王以下，多舍宅为寺。孝明帝神龟元年（518 年），洛阳的寺舍已达 500 多所，夺民居 1/3，孝明帝正光以后，洛阳佛寺激增至 1 367 所。

"永熙之乱"后，洛阳仅存佛寺 420 所，其中白马寺幸免于难，而永宁寺俱焚。东晋到南北朝时期，战乱不息，中原地区处处呈现出破落的景象。319 年，佛图澄取得后赵统治者的信任，与弟子广建佛寺共达 893 座，安阳在这时期开始出现佛教寺院建筑。在唐代，东都洛阳佛寺的数量仅次于都城长安，成为当时全国第二大佛寺密集中心。据文献记载，唐代前期河南府有寺院 56 所，其中洛阳有 29 所。

北宋时期，开封取代了长安、洛阳，成为政治、经济、文化中心。与此同时，开封佛教发展进入高潮，形成了儒、佛、道三教合流的趋势。据《宋代东京研究》一书中所列史籍记载，可考证的寺院有百余座。宋徽宗宣和年间，开封府有寺院 691 座。如相国寺、开宝寺、太平兴国寺、天清寺等著名寺院均由官府出资为"兴佛法""营佛事"而扩建，亦是朝廷举办重大佛事、祈雨、赈济等活动的场所。

除洛阳、开封外，佛教寺庙还数量不一地分布在河南各地。在佛教寺院地理分布和发展变迁过程中，佛教逐渐走向世俗化。

**（二）河南佛教建筑的地方特色**

1.河南佛教寺院的类型与形制

中国佛教寺院一般分为三大类型：汉传佛教寺院、藏传佛教寺院和南传上座部佛教寺院。河南地区是汉传佛教的集中区。

（1）河南佛教寺院的建筑类型。河南佛教建筑的类型主要有寺院建筑、石窟寺、佛塔、经幢四种。

①寺院建筑。佛寺建筑主要由众多殿堂建筑组成，如正殿（大雄宝殿），还包括山门、伽蓝殿与祖师殿（大殿的东西配殿）、法堂、钟鼓楼及藏经阁等。

②石窟寺。石窟寺是佛教寺院的一种特殊类型，起源于印度。中原地区也有不少著名的石窟寺，具有极高的佛教艺术价值和建筑价值。主要有龙门石窟、义马市鸿庆寺石窟、新安县西沃石窟、陕县温塘摩崖造像、偃师水泉石窟、安阳灵泉寺石窟、安阳小南海石窟、淇县前咀石窟。

③佛塔。由于河南历史上战乱频繁，佛寺建筑毁坏严重。但是，佛塔因其建造材料多为砖石而得以较好保存，虽饱经风雨却依然矗立。河南现存的佛塔遍布各个市县，总数多达 530 个，由此可知河南历史上佛寺的广泛存在。

④经幢。宋代河南经幢的发展有两点值得注意。第一，宋代河南的经幢也有一些采取了赵县经幢三段式的做法。例如，禹州市鸿畅乡涧头河村宋代经幢，幢身八角形，作三段分置。新乡县翟坡乡寺王村宣和二年（1120 年）经幢也为三段，说明三段式幢身的经幢在宋代很流行。第二，宋代的一些石构建筑物，虽然保存着经幢的某些样式，如采用八棱柱体构件，但整座建筑与典型的经幢已相去甚远。例如，河南郾城彼岸寺有一座石构建筑，时僧人宗岩称其为"香水海石幢"，故今人的介绍文章也以"石幢"相称。此石构建筑并无刻经，因此严格说来，叫幢或经幢是不恰当的。

（2）河南佛教寺院的形制。河南佛教寺院的形制主要指建筑的空间格局和组合方式。从现存的佛寺建筑实例和文献资料来看，主要存在以下两种寺院形制。

①前塔后殿的形制：河南地区佛教寺院最初是前塔后殿的布置方式，以塔为中心，山门、佛塔、佛殿位于中轴线上，林立的佛塔已经成为寺院中不可或缺的部分。佛教在东汉初期由西域传入中原，先是由人口述佛经，后来才建立佛寺。《魏书·释老志》记载："自洛中构白马寺，盛饰佛图，画迹甚妙，为四方式。凡宫塔制度，犹依天竺旧状而重构之，从一级至三、五、七、九。世人相承，谓之'浮图'，或云'佛图'。"这一记载虽然距白马寺营建时已有几百年，但它所反映的寺塔布局仍以一个方型大塔为中心，其四周环以庑门殿的建筑布局。《洛阳伽蓝记》中所记载的佛寺形制各异。例如，卷一述及的永宁寺，作者言其气魄宏大，金碧辉煌，并引常景碑语喟叹道："须弥宝座，兜率净宫，莫尚于斯。"在描述瑶光寺时，则突出其作为尼寺的清幽秀美，所谓"风生户牖，云起梁栋，丹楹刻楠，图写列仙"。再如，卷四法云寺，因其为西域乌苌国沙门所建，其形制与其他寺院不同，"佛殿僧房，皆为胡饰。丹素炫彩，金玉垂辉""西域所赉舍利骨及佛牙经像皆在此寺"。佛塔从印度传入河南地区后，工匠们将代表印度窣堵波的塔刹放在了高塔的塔顶上，从而成为佛教徒顶礼膜拜的对象。北魏洛阳永宁寺是以佛塔为中心，周围环以僧房的布局方式，而永宁寺的总体布局上采用了中国传统的中轴线对称布局方式，从整体形制上进一步中国化，为

佛寺建筑形制的发展奠定了基础。前塔后殿的形制布局在我国现存的实物中已难寻踪影，但从日本早期的佛寺布局中，还可以看到这种寺塔布局的痕迹。据日本学者考证，日本的飞鸟寺和四天王寺即是仿照洛阳白马寺而建的，两寺皆中心建塔，四周廊庑，以塔为主，塔后建殿的布局，与文献记载的永宁寺的寺塔布局一致。

②佛殿为主的形制。河南地区佛教寺院以佛殿为主体建筑的形式早在唐代绘制《戒坛图经》以前已经出现。北魏建中寺便是前厅为佛殿，后堂为讲堂的格局。《洛阳伽蓝记》所记洛阳近 50 座佛寺，其中只有 15 座有塔，可见无佛塔的佛寺数目之多。这是因为洛阳佛寺多舍宅为寺，在住宅改成的佛寺中，由于其平面布局已经形成，不能在寺中的主要位置树立佛塔。唐代以后，这种布局形制成为河南地区佛教寺院的主要布局形制。塔在唐代被大雄宝殿替代，位于寺院组群的中心，从而形成以大雄宝殿为寺院中心、轴线对称的布局方式。

佛寺形制的改变有两个原因。一是佛礼形式的改变，致使佛礼空间也发生了改变，人们对佛塔的崇拜逐步转向对佛像的崇拜。由于河南冬季寒冷，风雪较多，室外举行活动多有不便，佛寺避免了这种由天气造成的不便。二是佛教中国化的过程，禅宗世俗化使早期被视为"佛"的象征物的佛塔逐渐变得没那么重要了，而向世俗化转变，花式雕刻增强。现存的河南主要的佛教建筑都是采用佛殿为主的布局形制，它节约了建筑的材料和时间。

2. 河南佛教寺院的地域特点

河南佛教寺院的主要有以下几个地域特点。

（1）数目多。佛寺数目的多少与佛教文化的繁荣程度密切相关，河南历史上长期是政治、经济和文化中心，每个历史时期的佛寺数目都不尽相同。北魏杨衒之所著《洛阳伽蓝记》记叙了北魏都城的佛寺情况。自北魏太和十九年（495 年）迁都洛阳后，仅数十年间，洛阳城内就有佛寺一千余所，"招提栉比，宝塔骈罗，争写天上之姿，竞摹山中之影，金刹与灵台比高，广殿共阿房等壮"，极尽奢华。到北魏末年（531 年），全国已有佛寺 3 万余所，僧尼 200 万人。唐代法琳在《辩证论·十代奉佛篇》中著录了两晋、南朝僧尼寺数、僧尼人数及译经部数，其中南朝梁的都城内有佛寺 700 所，全国寺数达 2 846 所，僧尼 82 700 人，译经 238 部，这时佛教进入全盛时期。隋唐时代，佛教更是繁荣鼎盛。据《释迦方志》记载，在隋文帝在位的 24 年间，就"度僧尼二十三万人，立寺三千八百九十二所。"唐代佛教更盛，建寺更多，仅会昌年间唐武宗李炎废佛的结果来看，就毁了寺院 4 600 所，拆了招提、兰若等佛教建筑40 000 余所。河南现存佛寺 250 余座，不少寺院驰名中外。除四大名寺白马寺、少林寺、相国寺和风穴寺（一说是香积寺）外，民权白云寺也远近闻名。

（2）类型全。河南佛教寺院的类型主要有塔庙和石窟寺两种，因建筑地点不同，又可分为平原型和山地型。从历史发展看，隋唐时期是佛教发展的鼎盛时期，佛教建筑仍是隋、唐、五代建筑活动中的一个重要内容，河南地区出现了许多新的寺院。

寺院的平面布局继承两晋、南北朝传统，以殿堂、门廊等组成以庭院为单元的组群形式。大的寺庙房间多则十几间，全寺以二、三层楼阁为中心。在唐代，洛阳利用其优越的地理位置，又使寺庙有了新的发展。白马寺在方丈薛怀义的主持下，大兴土木，扩建白马寺，因僧舍距离山门太远，故有"跑马关山门"之说。登封少林寺和法源寺都是保存完好的汉传佛教寺庙，这些寺庙中的单体建筑种类非常丰富，有殿、堂、楼、阁、廊、亭、台等。

（3）影响大。在唐武宗会昌灭佛后，禅宗经过发展，形成"五家七宗"。中原地区的佛寺宗派也发生了很大的变化，禅寺占据了主导地位。宋代，大相国寺诸宗并存，元代改为曹洞道场，后归临济宗。汝州风穴寺自延沼禅师为临济宗；南阳地区诸佛分为临济和曹洞二宗，并以临济宗为主。其中，丹霞寺、普提寺为曹洞宗，香严寺为临济宗，水帘寺为临济宗。

现存温县的慈胜寺是河南北部的著名佛教寺院，创建于唐代，如今留存有山门、天王殿、大雄殿等。大雄殿为歇山顶，呈大鹏展翅状，造型十分优美。天王殿有元代人物壁画，壁画风格粗犷豪放，画中内容栩栩如生，有飘然离墙，脱壁而出之势，艺术价值颇高。悬挂在大雄殿门额的元代木制牌匾及殿前挺立的五代石经幢等，皆为中原地区文物中的稀有珍品。位于登封的会善寺原为北魏孝文帝离宫，隋代时改名为会善寺，现存主要建筑、碑刻有元代大雄宝殿及中岳嵩阳寺碑等，为嵩山名刹之一。

（4）佛塔。印度是佛塔的发源地，大约在公元前5世纪末，印度就产生了佛教，随之兴建起这类宗教建筑。起初，佛塔的译名不一，有20多个名称，如窣堵波、偷婆、佛图、浮屠、浮图、方坟、圆冢、高显、灵庙等，后来简化为"塔婆"，进而又简化为"塔"。晋人葛洪《字苑》中第一次出现"塔"字的名称。

河南地处中原，地理位置十分优越，拥有众多历史文物。据资料显示，现存的古塔就有530余座，约占全国古塔总数的1/6，居各省之冠。根据文献记载，中国最早的木塔——东汉时建造的白马寺塔；最早的砖塔——西晋太康六年（285）王俊在洛阳建造的太康寺三层浮屠都位于河南。由于历史的原因，两塔虽然没有留存下来，但仍不失为中国古塔之鼻祖。历史上非常闻名的北魏永宁寺木塔华丽壮观，雄伟之极，建在洛阳市东15千米（当时北魏的都城内），可惜塔建成18年即被火焚。

## 三、文化场所：书院建筑与民间戏楼

### （一）河南书院建筑的类型与分布

1. 书院建筑的主要类型与功能

书院之名始于唐代。《新唐书百官志》记载，唐开元十一年（723年）置丽正书院，十三年（725年）改丽正修书院为集贤殿书院。书院的主要活动内容和职责是"掌刊辑古今之经籍，以辨明邦国之大典，而备顾问应对，凡天下图书之遗逸，贤才之隐滞，则承旨而征求焉"。书院是中国古代社会的一种教育组织形式，早期主要为官办，后来以私人创办为主，不同于官学和私塾。自唐代兴起到清末，书院经历了千年的兴衰发展，数目众多，分布范围极广。河南是书院集中的地区，历代兴建书院逾千所，书院在各个时期都对培育人才、推进学术文化发展起了重要作用。因此，书院在中国教育史和文化史上占有突出地位，且书院建筑作为中国古代建筑的一个重要类型，已引起建筑学界的重视。

书院建筑包含两部分：一部分是讲学实用性建筑，如讲堂、藏书楼、山长室（书院主持人生活、工作室）、书斋等；另一部分是祭祀礼制性建筑，如祠庙、牌坊等，两者的结合代表着书院建筑礼乐相成的建筑文化内涵。

书院在千余年的发展过程中，形成了各种各样的类型。按其服务对象，可以分成家族书院、乡村书院、县州府省等各级地方书院、皇族书院、少数民族书院和教会书院等。各类书院皆有自己的特色，但其最基本的功能是一致的，即讲学、藏书、祭祀。

唐玄宗时期最早出现的长安丽正书院、洛阳集贤书院实质上就是藏书、校书、刻书的地方，即为"修书之地，非士子肄业之所也"。随着书院的兴起与发展，书院藏书日渐丰富，且同国家藏书、私人藏书一同构成了我国古代的三大藏书体系。河南的书院也不例外，自唐兴书院以来，不论其规模大小，都拥有一定的藏书。尤其是清代，河南的书院事业蓬勃发展，藏书与管理也日益成熟，在河南乃至全国的图书馆事业发展史上都占据着重要地位。清代的河南书院比较重视刻书，因为它有比较充足的学田收入，并且书院内聚集着众多著名的文人学士。例如，百泉书院的孙奇逢是清初全国三大名儒之一，嵩阳书院的耿介、朱阳书院的窦克勤、上蔡书院的张沐、南阳书院的李来章、大梁书院的钱仪吉、文清书院的苏源生等都是当时河南乃至全国的著名教育家、理学家或考据学家。嵩阳书院编刊《嵩阳书院志》、明道书院编刊《明道书院志》、林县的黄华书院刊印《（乾隆）林县志》、辉县的百泉书院刊印《（道光）辉县志》等，这些书的刊刻对研究清代的河南都有着重要的参考价值。宋代活字印刷术的发明使刊刻出版图书数目增多，质量也变高，进而促进了书院藏书事业的发展。大梁书院有藏书楼4座，均高3层，建筑面积达6 000平方米，丰富的藏书为书院学生研讨学问提供了充足的条件。清朝200余年间，大梁书院逐渐取代了嵩阳书院、应天府书院、百泉书院的地位后，成为河南文教、出版业的活动中心。当时，大梁书院刻印的书籍分为两类，一是刻印本书院师生的研究成果，进而推动了书院的著述活动；二是刻印教材、阅读参考书，增强学生的读书自学能力。大梁书院藏书、刻书盛行，保存了许多珍贵的文献典籍，也为书院形成浓厚的学术氛围起到重要作用。

2. 河南书院的遗存与分布

书院之设始于唐代，至宋大兴。据统计，在唐至五代（618—859）的200多年中，全国创建多所书院，而且书院最先也出现在民间。在丽正、集贤之前近百年间只有3所民建书院，在其后则出现了35所，说明了官府的影响不可低估。宋朝以前，河南已经创办的书院有嵩阳、应天府和龙门书院，后又新建鸣皋、明道书院等13所。在北宋时，河南书院数量位居全国第二，仅次于江西。从整个宋代的书院建置数目可知，长江流域的书院数量占全国总数的74.43%，黄河流域仅占3.25%。到了明代，书院则较为集中地分布在南阳府、汝州等地。清代是河南书院发展史上一个重要的时期，书院在数量和分布上有了很大发展。先后设置书院292所，除南召县外，全省各个州县已无一不设书院，基本实现了书院的普及。在具体分布上，各府州之间呈现出明显的等级差异。

在距离襄城县西南10多千米的紫云山中，有一座颇负盛名的紫云书院。成化四年（1468年），户部尚书李敏丁忧回乡，在这山水秀丽、风景宜人的紫云山中建屋二楹，读书讲学。后来，他任山西巡抚，将书屋和古籍捐献给国家。成化十八年（1482年）皇帝下诏赐名"紫云书院"。

**（二）河南书院建筑的形制与特点**

1. 建筑组成与空间布局

书院建筑属于古代文化和教育类型的建筑。书院内设置供奉、祭祀场所，尊崇、礼拜圣贤，弘扬传统文化。可以看出，书院建筑是一种以民间院落空间为主体、结合庙宇建筑布局特点、带有园林环境的乡土文化建筑。从文化的角度看，书院整合了物质和精神功能，揭示了文人和士大夫的文化倾向和审美情趣，并通过实体建筑反映了"礼乐相成，斯文宗主"的书院建筑文化精神。

书院礼制性建筑布局规整，严格按照祭祀礼仪规范来建造和布置，特别是祀孔建筑系列自成一种规制，由棂星门、泮池、礼圣门、礼圣殿等组成。这些礼制性建筑拥有深刻的内涵，具有象征性和寓意性。棂星门的棂星原为灵星，即现今的天田星。据史书记载，汉高祖御定祭天要先祭灵星。北宋仁宗在祭天地时，曾设置灵星门，门为木制，且有木棂，后来演变为棂星门。后来，人们将棂星门置于孔庙之前，表示以祭天的最高礼仪敬奉孔子。又有说，棂星门标志北斗文星主宰的境界，代表着开启文运重地。泮池多是半月形状，上架一小石桥，常建在文庙、学宫之前。在清朝，入泮是考中秀才的另一种说法。跨过泮池意味着高中科举考试，带有祈福象征意义。礼圣门是敬奉孔子的一道仪门，与礼圣典相对应并形成院子，是举行仪式活动的空间。通过这些建筑物的布局和延伸，烘托出主体建筑礼圣殿的神圣和威严。学院是祭祀仪式建筑和实践教学结构的组合，通常是前庙后学或者左庙右学，也有两者交织在一起的，但礼制性建筑在书院中占据着主要的地位，这体现了礼乐相成的社会行为规范和道德原则。书院建筑通常与景观建筑结合在一起，创造出园林的氛围，营造出一种悠闲清雅的意境。反映了文人的情趣和爱好。

中国书院牌坊是书院的标志性建筑，由古代的坊门演化而来。它在中国书院教育史上沿用了近 500 年，形成了书院建筑必不可少的组成部分。书院的设施主要包括建筑、学田等，书院建筑中最主要的就是祠堂、讲堂和斋舍，这是一个书院能开展正常活动的基本条件。祠堂是书院建筑中很重要的部分，主要用来祭祀创建者和本学派的大师。有些书院还建有圣殿，用于祭祀孔子等先师。

2. 河南书院的建筑文化特色

（1）洛学兴院，理盛学昌。宋代河南书院中，与洛学有关的书院就有 8 所，占宋代河南书院的一半，对洛学的发展和传播有着重要的作用。洛学的产生和发展与当时书院的成立和发展有着密切的关系，当时的书院有鸣皋书院、太极书院、颍谷书院、春风书院、显道书院、明道书院等。

①明道书院，也称大程书院，在开封府扶沟（今河南扶沟县）。②嵩阳书院，熙宁二年（1069 年），王安石变法改革，程颢、程颐与之政见不同，不为朝廷重用，退居嵩阳书院。嵩阳书院学术、民主气氛浓厚，有利于推广洛学思想。③太极书院。其故址在河南省辉县百泉，苏门山麓百泉湖东侧。程颐于哲宗元祐、绍圣年间游学苏门，并结茅而居，潜心讲学于此。问道求学者而至，所居遂成聚落，因名程村。可以说，河南书院和洛学的繁荣和发展之间有着密不可分的关系，两者相辅相成，互为动力。首先，河南书院的成立推动了洛学的传播和传承；而洛学的传播和传承为河南书院的发展和振兴作出了贡献。

中国传统知识分子的人格特征决定了书院的读书人对社会、政治的关注，而这正是"风声雨声读书声声声入耳，国事家事天下事事事关心"的东林书院的精神本源。

（2）仁山智水，形盛之地。书院往往"择胜地""依山林"，名山胜地被视为安静读书和办教育的理想场所，这和中国文人寄情山水的美学思想是相联系的。尤其在佛教传入中国后，经三国、两晋、南北朝、隋唐五代，日渐发达，佛徒广建寺庙，勤修禅道，大有取代儒家学说地位之势。范仲淹、段坚、朱磷等学者创办书院的目的之一是要维护儒家学说的正统思想地位，从而达到宣传儒学、对抗佛教的目的。于是，这些学者仿效佛教禅林的形式创建书院，书院成为自固壁垒、排佛尊儒的重要场所。南阳的书院创办者均把自然环境的优化作为育人的一种重要手段，如花洲书院选择邓州风景名胜处建院，诸葛书院选择孔明躬耕地南阳卧龙岗创立，南阳书院、志学书院、养正书院、敷文书院、崇正书院、清阳书院、白水书院、豫山书院、堵阳书院、味经书院、南轩书院、紫山书院、方城书院、文兴书院等，均依山傍水，环境幽静，宜于院生读书学习。这些书院的建筑选择名山胜地，空间布局与自然有机融合，南阳特有的地域文化成为各级书院的一种天然的教育资源，可见书院创办者的苦心。这是古代各级官学所望尘莫及的。这种独特的教育模式为今天高校校园文化建设提供了有益借鉴。

明清时期，开封的大梁书院闻名于世，它的建立有两方面的考量：一是选择古都开封的杨家湖畔及古汴水经行处，院址乃北方水城开封的名胜之地，环境幽静，水面开阔，注重优美的自然环境对院生的熏陶作用；二是院舍的建筑布局强调天人合一。经过几代人的精心营建，大梁书院的藏书楼、先贤祠、仕宦祠、明伦堂、斋舍、考棚等建筑层次分明，与假山、溪流、石桥、木桥、应房、浴室、小亭等建筑元素相互辉映，共同构成了典型的书院环境。尤其是先贤祠的设置，与仅供奉孔孟牌位的官学形成对比，尤为独特。

（3）嵩阳书院，名扬天下。中国古代书院兴起于唐代，到清末改为学堂，前后存在1 000多年，对传播文化、培养人才产生过深远的影响。唐玄宗开元十一年，朝廷在洛阳明福门外建丽正书院。有人认为这是中国书院之始，但丽正书院实际上是朝廷收藏和校勘图书的地方，与后来作为聚徒讲学的教育机构的书院不同，中国严格意义上的书院兴起于五代。根据历史资料，建于五代时期的河南书院有两所，一是洛阳龙门书院，二是登封太乙书院。龙门书院和太乙书院是中原最早的两座书院，它们也是中国最早的书院之一，而太乙书院正是嵩阳书院的前身。

嵩阳书院位于今河南省登封市的嵩山南麓。李国钧主编的《中国书院史》上介绍嵩阳书院背靠嵩山峻极峰，西依少室山，东临太室山万岁峰，为山峦环拱，与古代书院多在山水名胜之地的情况相一致。清代叶封撰写的《重修嵩阳书院记》中说：先是崇福宫有太室书院，建自五代周时，宋至道间赐九经，景祐间重建，改称嵩阳书院。嵩阳书院始建于北魏太和八年，初名嵩阳寺，为佛教寺院，有僧人数百。据东魏天平二年《中岳嵩阳寺碑》记载："大德生禅师，以此山，先来未有塔庙，禅师将欲接引四生，卜兹福地，创立神场。北背高峰，南临广陌，西带浚润，东接修林。于太和八年岁次甲子创造伽蓝（寺院），筑立塔殿。"隋炀帝大业年间列名为嵩阳观，成为道教活动场所，有道士在此炼丹修行。唐弘道元年春、冬，高宗李治同武后到嵩山访游，以嵩阳观为行宫，曰奉天宫。唐开元年间在嵩阳观旁，汉柏右侧建天封观，道士孙太冲奉命在这里为唐玄宗炼丹，此事在李林甫所撰的名碑《大唐嵩阳观纪圣德感应之颂碑》中有记载。清乾隆时《登封县志》说："嵩阳观、天封观为一地。盖二观旧址，本不相远，而彼废彼兴，实通为一地。"

五代后唐清泰时，进士庞士曾在嵩阳观聚众讲学，为太乙书院在此创立打下基础，嵩阳书院正是由太乙书院发展来的，这是嵩阳书院的初始阶段。北宋是嵩阳书院大发展的时期，宋初沿用五代旧名，仍称太乙书院。马端临在《文献通考》卷六十三中认为，宋初有四书院，曰庐山白鹿洞书院、嵩阳书院、岳麓书院、应天府书院。由此可见，嵩阳书院在中国古代书院教育史上的重要地位已经是不容置疑的了。嵩阳书院存在了 1 500 多年，作为教育机构也有近千年的历史，这在整个书院史上都是不多的。它对整个嵩山文化的形成与发展，以及中原文化，甚至中国古代文化的形成与发展都有着自己的影响。

### （三）民间戏楼与乡村聚落建筑

1. 河南民间戏楼（台）的历史与遗存

戏楼（台）与戏曲相伴而生，中原地区是中国戏曲的主要起源地。从史料看，早在夏启时期中原地区已有优伶出现。两汉和隋唐时，洛阳已是"百戏"活动的中心，从不断出土的有关"兰陵王""踏摇娘"和"参军戏"的文物中可以证实。而"诸宫调"创始于开封，《目连救母》搬演于开封，北宋杂剧则形成于开封。仅从明万历十年（1582 年）算起，400 年来先后曾在河南境内流行过的剧种（不包括话剧、歌舞剧、杂技、马戏、木偶戏、皮影戏、相声剧等）就有将近 70 个。

东汉时建于洛阳城西的"平乐观"是中国最早出现的专供宫廷使用的演出场地。至隋朝大业年间，洛阳端门外划定的剧场，绵延八里，所谓"三百里内皆来观"，可想见当时建筑之规模。而最早见于记载的民间剧场便是开封相国寺的"勾栏"（亦称瓦舍、瓦肆）。

北宋的"勾栏"就设在瓦子里。"瓦子"按照《梦粱录》的解释是"瓦舍者，谓其来时瓦合，去时瓦解之义，易聚易散也。"宋徽宗大观前后，东京城仅东角楼一带，就有"大小勾栏五十余座"。最大的"可容数千人"，如丁仙现、王团子、张七圣、李师师等均曾在此作场演出。观众"不以风雨寒暑，诸棚看人，日日如是"。甚至那种不怎么起眼的"每日五更头回小杂剧"，也竟"差晚看不及矣"。据《燕翼诒谋录》载："东京相国寺，乃瓦市也。僧房散处，而中庭两庑可容万人，凡商旅交易，皆萃其中。"可见相国寺也曾为勾栏瓦肆。①

"勾栏"之外，还有"戏棚"和"露台"作为演出场所。"戏棚"即唐代的"乐棚"，"露台"分为寺院庵观和村落街头两类。《东京梦华录》称萧住儿、丁都赛等为"露台弟子"，其意与后世所谓的"梨园弟子"相当。"露台"一词最早见于《史记·孝文本纪》中的"尝欲作露台，召匠计之，直百金。"东汉时也叫"灵台"，原为祭祀所营，至五代时始用于伎乐表演。北宋间广为兴建，加顶盖者为"庙台"，而与祀神无关的则称"草台"。凡在草台、露台、庙台之上粉墨作场者，中原民间统谓之"高台戏"。因庙台原称"乐亭""舞亭"，所以在河南的某些地区，至南宋以后又改称"乐楼""舞楼"。据查，这样的乐楼、舞楼建于宋、金而又有踪迹可寻者，尚有20余座，多分布在豫西、豫北一带，豫东、豫南尚未发现。

北宋风俗画《清明上河图》，据说同期同类有二三十幅，以张择端所绘为上乘，但恽公孚所藏及明代仇英等摹本却绘有戏棚（高台）和正在"作场"的杂剧表演，形象性很强。河南博爱县月山车站曾出土一面北宋铜镜，上面的勾栏演出图很有研究价值。元代，据《青楼集志》载曰："内而京师，外而郡邑，皆有所谓勾阑者，辟优萃而隶乐，观者挥金与之。"而农村的草台和庙台在建筑式样上比唐、宋时期有了进一步的发展。

康熙以后，随着生产的恢复，山陕商人特别是山西商贾开始大量涌入河南。沈思孝《晋录》记载，"平阳、泽潞豪商大贾甲天下"。可知晋南商帮早在明代中叶已开始向全国发展，但主流仍限于大中城市。雍正初，晋商在中州的财势已达无孔不入的程度，不但各种票号、钱庄，银号日趋兴隆，而且"会馆"比比皆是。至清末民初，河南省各地会馆数量已达400余所，有以潞泽、山西、陕西、山陕、山陕甘、湖北、两湖、山东、江南、江西、两江、四川、广东等命名的会馆，而山西会馆则占了总数

---

① 邹德侬. 中国现代建筑论集[M]. 北京：机械工业出版社，2002：63.

的约70%，山陕会馆占25%，其他总共才不过5%。比"会馆"兴起更早的关帝庙，至此也大为兴隆，概算全省大小关帝庙总数当不低于2 000座，平均每县都在10座以上。就二者的关系而言，凡有山西会馆则必有关帝庙，因为山陕商人奉关羽为"保护神"，礼敬有加，所以"祀神""报赛"也自然要用那兴之于三省（晋、豫、陕）三州（蒲州、陕州、同州）三角地带的梆子戏。乾隆一朝，河南新建戏楼近700座，其中附属于山西会馆或关帝庙的竟达40%以上。民间有"商路即戏路"之说，由此可知中原地区在戏曲文化上的亲缘关系。发展到清末民初，河南保存的各类舞楼戏台尚有10 000余座，但经过战乱和"文革"等人为损毁，现在河南省戏楼（台）尚存大约已不足800座。这些遗存中有不少建筑珍品，如社旗县山陕会馆的"悬鉴楼"，周口、洛阳等地的戏楼，都具有很高的建筑学意义和艺术价值。

河南现存的戏楼建筑有两个特点。一是会馆戏楼保存较好、建筑艺术价值较高。会馆是旧时中国一种独特的人文景观。随着商业经济的发展，国内一些交通便利、商业繁荣的城镇建起了同乡或行业会馆。会馆戏楼早期和神庙结合在一起，用作同乡公人在一起敬神祈福的场所，后来也发展成了酒楼、茶园、戏院式戏楼建筑。二是乡村戏楼分布广，有一定的乡土建筑和民俗研究价值，但其现状岌岌可危，亟待保护和研究。

据统计，河南历史上戏楼建筑遗存较多的县依次是嵩县（330座），林县（301座），陕县（280座），灵宝市（232座），洛宁县（186座）。据《洛宁县戏曲志》记载，截至1986年12月，洛宁县境原建古戏楼186座，现尚存40余座。

洛宁县王范镇是闻名豫西五县的首镇，也是重要的商品集散地，戏剧活动十分活跃。"永宁民俗淳厚，崇尚礼义，弦歌之声，交乎州里。"（《永宁县志："风俗篇"》）。所以，境内之古戏楼鳞次栉比，一个中等村就有两三座，并且几乎村村有"关帝庙"，还有各姓建的祠堂，而建祠、建庙必建戏楼。

这些古戏楼有的建筑较简陋，土坯墙、木柱脚，也有砖歇山式，砖柱土坯墙，更有砖硬山，台前两根大雕花柱玉立，雕云图、海藻、勾缠花束，琉璃瓦熠熠生辉，挑角飞檐宏伟壮观，且房顶建筑多为后低前高，便于扩音，充分显示了当时人们的聪明才智及科学创造，可惜几度沧桑，幸存无多，又被占据单位随意改建，大部分今非昔比。

2. 乡村聚落公共空间中的戏楼

戏楼是早期演出的主要固定场所，作为一种建筑类型，体现了中国传统农耕体系下产生的文化景观。现存戏楼多为明、清时期所建，这些戏楼的共同点主要有以下几点：一是大多随寺庙而建，即凡有寺庙必有戏楼。这是因为旧时演戏与祀神有着密切的关系。民间的戏曲演出活动多集中于庙会期间进行，往往是借祀神娱人。二是戏楼多建在寺庙前，与庙门相对，庙门朝南，戏楼则朝北。也有戏楼与寺庙直接相连，台口与寺庙大殿相对。戏楼下部为庙门，穿门而过即入庙内，称之为"头门戏楼"，如伊川县鸣皋五虎庙戏楼。三是建筑规模，形式大同小异，台基高七尺（约 2.33 米），宽二丈五（约 8.33 米）到三丈（10 米），深二丈（约 6.67 米）到二丈五（约 8.33 米），样式与普通民房相近，均系砖木结构。除寺庙戏楼外，也有单独的戏楼建于热闹市区，专供人们娱乐的，如伊川县兴隆镇（白沙）过街戏楼。

戏楼的建筑形式反映其存在的文化意义。从文化人类学的角度看，戏楼作为乡村人生活的一种参与和创造场所，在文化心理、社会关系、村落起源、村落的公共空间格局和环境景观等方面均体现出了与村民生活的密切关系。在乡村聚落公共空间中，戏楼的主要作用体现在以下几方面。

（1）选址在聚落公共空间。戏楼的选址大多在交通便利和人们活动较多的广场、十字街、庙宇等位置，也便于招揽观众，方便人流集散，这使戏楼建筑往往成为村落公共空间的中心，拥有显著的位置。

北方天气较为干燥少雨，多风沙，戏台采用封闭式结构，利用砖石等材质砌成实底的台基和厚实的墙面，且台口敞开面积小。河南、山西、陕西、河北的部分地区还流行三面封口一面观看的戏台。屋顶多用粗大的木材，坡度平缓。这类建筑接近普通民居，给人厚重朴实的感觉。临颍县繁城镇会馆戏楼始建于清道光十六年（1836年）。繁城是京汉公路的一个重要驿站，比较繁华热闹，各路客商从四面八方云集到此，俗称"小上海"。在此经商的客户大多来自山西、陕西二省，他们财力雄厚，商品众多，且常年驻守在此，不但建有洽谈生意、留住商人的会馆，而且在馆门前建了一座戏楼，也就是会馆戏楼，以活跃人们的文化生活，地址在今繁城献街学校。戏楼为砖木结构，屋顶用小青瓦铺盖，五脊六兽，四面挑角，总高约 10 米，前台有四根木柱支撑，后台有两间化妆室，戏台高约 4 米，长约 8 米。两边有上下进场门连接前台，可三面观戏。中梁上书"清道光十六年建""总鉴工工道主史老四"字样。戏楼两侧各有两间配房和一凉亭，供游人观赏歇息，戏楼门前树一石碑，记录建造时人员、集资数额和动工、竣工时间等。观众场能容纳上万人。

据《伊川县戏曲志》记载，伊川县古戏楼遍及乡间，几乎村村皆有。仅鸣皋镇就有五虎庙戏楼、城隍庙戏楼、山陕会馆戏楼、北斗寺戏楼、火神庙戏楼（两座）、牛马王庙戏楼、南岳庙钟鼓舞楼等。可见其戏曲发展历史之悠久，普及之广泛，景况之兴盛。

（2）文化传播的场所。戏楼在建筑上有一个重要的特色就是它的细部装饰，且不说戏台台前立柱上的对联，单是建筑上的屋脊、壁柱、梁枋、门窗、屏风以及其他细小构件上的雕刻、彩绘、装饰，就内容丰富多彩，运用彩绘和雕刻（浮雕、透雕、浅雕）等手法，绘刻有云雷纹、回锦纹、戏曲故事等。临颍县有两座娘娘庙戏楼，一个是城关镇东面的 1 500 米的东娘娘庙戏楼；另一个是繁城镇西面 1 500 米的西娘娘庙戏楼。它们的屋脊高为 12 米，戏台高为 2.4 米，台宽 10 米，深 7 米。传说二月初六是娘娘的生日，所以每年的这个时候就开庙会，在戏楼唱戏，以示庆贺。戏楼约毁于 20 世纪 60 年代，今存有戏楼对联一副，上联：三五步走遍天下，五六人百万雄兵；下联：千里路程眨眼到，百年夫妻弹指终；横批：出将入相。由此可以看出，戏楼（台）建筑具有文化教育功能，是民间不可或缺的文化传播场所。

## 第四节　中原地域建筑文化的保护和再生

### 一、河南地域建筑的价值与保护

#### （一）河南地域建筑的价值分析

所谓再生，有两层含义：一是说明保护地域建筑文化遗产的紧迫性，因为传统的地域建筑文化一旦消失，就不可能再生；二是再生不是磨光，而是重铸。新的思想、新的形式不可能在旧的机体里自然地生长出来，这需要建筑师与时俱进的创造力。

河南现存地面传统建筑多达 1 000 余处，具有时间上的连续性，类型上的多样性，技术上的先进性、独特性以及艺术性等特色。具体而言，从石器时代的人类聚落遗址和早期城址，以及从东汉以降到清代的地面建筑，除前面已论及的聚落、堡寨、古都、水城、窑洞、民居、古村镇、园林、衙署、会馆、寺院、书院、砖（石）塔、戏楼等类型外，还有城垣、石窟、石阙、陵园、牌坊、华表、石柱、天文台、桥梁、水利工程等建筑类型，大多具有重要的建筑、文物和文化价值。

1.建筑价值

建筑价值即指河南地域建筑的创造性和艺术水准，这也成为不同历史时期建筑设计及营建技术的代表。河南古代建筑在全国有许多第一，建于北魏永平二年（509 年）的登封嵩岳寺塔，高 37.05 米，是中国现存最古老的单层密檐式砖塔，也是唯一一座十二边形塔，结构和造型上均有独到之处，此塔经历 1 500 多年的风雨侵袭，至今仍巍然屹立。嵩岳寺塔具有形体简洁、平面规整、结构均匀对称和连续性强等建筑结构特点，增强了整体性，加之基础牢固，选择适宜的塔址，使之有足够的抵御地震的荷载能力。大多数塔檐下砌筑有呈封闭状的拔檐砖层，这与近代建筑的圈梁作用相差无几，加强了塔身壁体的整体性。塔身的壁体都较厚，且高度一致，塔内不用塔心柱，内筒空间分为上下九层。十二边形塔适应和抵御不同方向的地震能力强，因此宋代及其以后的塔，门窗位置逐层变换，避免了受震后垂直裂缝，增强了塔身的抗震强度。塔身之上有十五层密檐，自下而上均匀递减，其面阔逐层收敛，使塔之外轮廓呈抛物线形，不但使塔体线条优美，刚柔相济，而且相应均匀地使每层重量减少，使整个塔体的重心下降了许多，增强了塔体的稳定性。此外，建材选料讲究，如塔砖具有泥质细、火候高、密实度高等特点，单块最大抗压强度达 414 kg/ ㎡ ，远高于现代普通红砖的抗压强度；塔身砌筑的砖与砖间的黏合剂采用的是黄土泥，但这种黄土泥与普通的不同，经处理后掺入米汁类有机物，黏合强度更高，提高了抗震性能。如北宋初年建成的木构建筑济源济渎庙寝宫和于宋代晚期建成的登封少林寺初祖庵大殿，经历数百年乃至上千年后，至今保存基本完好。

2. 文物价值

文物价值指河南地域建筑的历史性、独特性和典型性。河南地区有洛阳白马寺、开封铁塔、龙亭、包公祠、大相国寺，嵩山少林寺、汉三阙、嵩阳书院、登封观星台、中岳庙、汤阴岳飞庙，南阳武侯祠，三门峡函谷关，淮阳太昊陵，巩义宋陵等一大批优秀古建筑群。其中，新乡市凤凰山南麓的明代潞简王墓，采用明代皇陵的形制，坐北朝南，沿中轴线设祾恩门、祾恩殿、明楼、宝城等建筑，依山坐岭，俯瞰卫水平原。

与该陵相邻的次妃墓地宫石门上的龙首雕刻，因为在地下未被风化，仿佛如新，栩栩如生。卫辉市潞简王府遗址现存一高台建筑，被称作望京楼，高约 25 米，东西 35 米、南北 19 米，全部为砖石结构，是河南的一座独特的无梁殿建筑。高台上现存一石坊，俗称"如意坊"。

3. 文化价值

即河南地域建筑中承载的中原文化的内涵和底蕴，如安阳殷墟被国家文物部门列为 20 世纪中国 100 项重大考古发现之首，洛阳龙门石窟是中国四大石窟之一，两者均被列为世界文化遗产。它还体现出当地的价值观念、风俗习惯、宗教信仰、审美意识等特点，表达出了特定时代人们的集体经验，即文化上的认同感和归属感，具有象征意义。例如，豫北和豫西民居建筑充分反映了当地的生活环境和生存状态，显示出了人们的价值观念，具有文脉上的延续性和人情味。正如日本建筑师桢文彦所言："每个人对城市空间都有一种归属感，如对自己的住宅、街道、上学或上班的路、常去的热闹地方，又如长期旅行回来后对自己街道有一种亲切感。"在漫长的历史过程中，人们把健康的生活经验和智慧沉积于民居营建过程中，这是大众集体构想力的结晶，是不断把现实生活结构在一个空间组织中的典型反映。

### （二）保护的原则与方法

当今人们越来越重视保护优秀的地域建筑遗存，保护的范围也从单体扩展到群体、街区，乃至更大的文化环境，如 2007 年开始的把中岳嵩山作为文化整体申报世界自然与文化双重遗产的工作。对"保护"问题的研究是地域建筑文化中的重要方面，在整个中国传统城市与建筑文化分布格局中，河南占据着重要的历史地位，保护河南传统地域建筑文化具有重要的意义。河南历史建筑是封建社会中、后期河南辉煌历史的物质见证，在中原文化形成与建筑文化演进中占据着不可或缺的地位。在河南，以物质实体形式保存到今天且仍为人们所生活的众多历史文化名城尤显珍贵，这是其他类型的历史遗址、文物古迹所无法相比的。这是一种极其珍贵的文化资源，也是一种易受破坏的、不可再生的资源。因此，在城市化的大潮中，急需实施合理的保护。对老城传统景观进行保护，有利于中原历史文化的传承，有利于维持历史的延续。在现代社会条件下，保护的不仅是历史文化信息的载体，还有巨大的社会和经济价值。对现有老城传统街区景观进行认真地保护和整治，有利于避免城市形象的单调和雷同，突出城市的地域特色，同时可以创造城市文化、社会和经济结构多样性和灵活性。保护古代建筑可推动当地社会经济发展，改善居民生活条件，提升城市品位。

此外，政府还要处理好保护与发展的关系问题。对于一个城市来说，发展意味着社会、经济、文化、环境各方面的均衡发展，城市的发展应建立在可持续的基础之上，对于具有丰富历史文化价值的古城来讲，其发展策略及模式与一般的城市应有所区别，发展应该以保护为前提，要将城市历史文化遗产作为一种不可多得的资源予以充分的认识，充分尊重城市的历史和文化，延续城市历史氛围，发挥历史文化遗产的价值与潜力，从而增强城市特色。城市建设应以提高和改善居民的生活环境为根本目标，把历史文化的传承和协调发展作为基本准则。

在具体的保护过程和实践中，我们应依据不同的建筑类型采取不同的措施，不应采取一刀切的方法。保护应是多层次的，应在对保护对象的属性、位置、价值、周边状况等进行详细调查和分析的基础之上采用重点保护、一般保护、风貌协调保护、保留片断等方式。保护并不是简单被动的保存，保护不仅仅使旧的东西留存下来，更重要的是要注入新的生命，使之具有活力，从而让其周围的都市环境、居民生活方式、社会习俗按历史应有的轨迹延续下去。

为了使新旧建筑协调共生，创造良好的城市形象，政府除了对新建建筑的密度、容积率、退线等指标进行规定外，还需要对新建建筑进行布局、体积、色彩、用材等方面的控制。根据新建建筑的性质、位置、周围历史建筑分布状况等的不同，控制的标准及严格程度也应不同。对新建建筑的控制不是为了限制新的建设，而是对新的建设进行必要的引导，使新建建筑以合理的形态融入城市环境，达到与原有建筑或历史遗产的协调。所以，政府在保护规划的制定与实施过程中，主要有以下措施。

1. 整体性保护

应综合考虑城区街道、胡同、地块、院落、建筑等各个层次的保护问题，对"实"的建筑形态与"虚"的空间肌理的关系问题进行综合考虑，坚持风貌保护的整体性。

2. 动态化保护

要以动态的眼光看待保护与更新，克服静态的、形而上学的保护与更新观念，充分考虑保护建筑和地段的生活延续和功能利用问题。

3. 注重"居民参与"

通过政府引导、政府投入、住房分配制度改革等措施，加大宣传力度，调动居民参与的积极性，让对传统风貌的保护成为每个居民的自觉行动。

4. 因地制宜保护

应充分考虑现状条件，采取合理的保护与控制结构。

5. 进行"小地块"划分

应使地块划分"微型化"，更新改造规模"微型化"，更新控制"微型化"。

6. 贯彻可持续发展

坚持降低保护区人口密度，改善市政条件，提高城市的绿化率，控制建筑密度，优化街区环境，从而增强老城的可持续发展能力。

## 二、当代河南地域建筑探索

在当代社会和文化背景下，地域建筑创新涵盖了保护、发展和创新的多层含义。这就要求建筑师不仅要与时俱进，积极吸收不同国家和地区的杰出建筑文化，还要保护中国优秀的建筑文化遗产，同时发现当地的文化特色，包括现代建筑设计中的传统精髓，展现现代生活的内容。它还要求建筑师具有更广泛的文化背景，并了解当代建筑发展趋势。具体来说，要关注以下几个方面。

**（一）地域性建筑语言的更新**

1. 地域建筑空间的延续

地理概念必须是一个得到历史认同的概念，地域建筑文化的发展必须以区域经济和文化为基础。根据河南的地理和经济条件，全省被划分为东、西、南、北、中五个经济区域，这些地区亦是相应的地域建筑文化研究的重点。例如，位于河南城市圈中心的郑州、洛阳、开封市，其城市文化又具有鲜明的自身特点。郑东新区位于郑州市总体规划的东部，总面积 150 平方千米，2002 年完成规划设计，2003 年正式启动建设。总体规划是在日本建筑师黑川纪章所做的概念规划基础上修改完成，中心和龙湖的构想成为郑东新区的两大特色，也是备受争议之处。所谓 CBD 中心，是郑东新区的核心区，也是郑州市的中央商务区，规划面积约 3.45 平方千米，由两环 60 栋高层建筑组成的环形城市，内环建筑高 80 米，外环建筑高 120 米，两环之间是繁华、舒适的商业步行街和 24 小时不夜城。环形建筑群中间布置有国际会展中心、河南省艺术中心和高达 280 米的会展宾馆等标志性建筑。龙湖是一个 6.08 平方千米的人工湖，是郑东新区规划的点睛之笔，同流经市区的几条河流、郑州国家森林公园等构成城市生态区，亦称龙湖区，规划面积约 40 平方千米。

鱼塘的水源主要是地下水，龙湖预计将使用一部分地下水和一部分中水作为水源。现在，中水的使用已成为城市中的一种趋势。在郑东新区，互联基础设施也在建设中，这样做的成本也非常低。人工湖水不同于饮用水，其可以通过使用更便宜的净水设备达到对再生水的质量要求。这更加强了黑川的预想："中国古代就有修建运河、改善生活环境的先例。据笔者所知，现在中国正在实施一项出色的节水项目，称为'南水北调'。该项目因挑战难度大而困难重重，已引起全世界的关注，如果可能的话，笔者希望龙湖能够使用'南水北调'项目中的部分水。而郑东新区肯定会吸引世界的注意。"

2. 自然与文化环境的和谐

只有从特定的地域环境、文化出发，深化对建筑环境本质与规律的理解，才能形成"人—建筑—自然"三者的有机统一。生态建筑的理念也是这样，它根据当地的自然生态环境，采用生态学、建筑科学技术的基本原则，运用现代化科学技术手段，科学处理建筑与其他领域相关因素间的关系，使其与环境之间成为一个有机结合体。位于修武县净影寺风景区狭长山谷内的净影寺度假村充分考虑当地自然山地环境，采用建筑单元沿主轴线穿插、变化的方法，统一大小不同的使用空间，以多层、坡顶为主，形成了类似自然村落的有机组合。主轴二层连廊采用玻璃顶棚，游客在室内活动就可以看到周围山景，感受到四季的变化，使室内外环境产生对话，给人以建筑融于自然的体验。

3. 文脉语言的建筑隐喻

隐喻方法符合建筑语言非客观再现的本质。同时，隐喻具有很高的装饰性，因此已成为表达现代建筑设计中背景、历史和环境局部化的有效途径。因为隐喻是语言学和诠释学通常用来描述建筑语言表达的一个概念。它的本质是创建理解世界语言模型的扩展及其在非语言符号领域的应用，因此它成为解释建筑语言的一种最直接且最有效的方法。这种解释是对"存在"的解释。建筑语言的存在是从自然到文化的生成过程。人为干预和材料的符号扮演着基础和标识符号的双重角色，正如格雷夫斯（Graves）所说："隐喻乃是将一个能指的形式从一个恰当的所指转换到另一个所指上去，因此将含义赋予后者。"但符号本身并没有什么意义，它的意义来自阐释，而一切阐释都是通过语言媒介发生的，阐释是对语言所表达内容的理解。如果把建筑看作"有意义"的，那么通过建筑语言的阐释，建筑（现象世界）就变成了可阅读的、可理解的"文本"。在释义的层次上把隐喻引向建筑语言，其作用即是把那些内在的、真实的关系呈现出来，使建筑语言在其特定的结构关系中获得一种隐喻的意义，由此把建筑语言的内涵和感染力展示出来。

现代建筑作品中一些成功的例子是图像与建筑的环境、功能、经济性和技术的有机交织。图像是通过建筑物的语言表达的，本质上是一种隐喻。例如，埃罗·萨里宁设计的纽约环球航空公司的候机楼，夏隆设计的柏林爱乐音乐厅等。在后现代主义中，隐喻强调其历史特征，强调建筑的历史传统，把隐喻作为视觉构建环境的工具，并广泛使用传统的建筑词汇和片段。"条条大路通罗马"，无论采用哪种解释方法，如果建筑师能够从隐喻与建筑语言之间的关系入手，正确理解并在实际工作中运用隐喻，将是有益的，这有利于增强建筑语言的表达能力。

建筑中的"隐喻"的表达方式与文学中的"象征主义"不同。例如，著名的悉尼歌剧院（Sydney Opera House）被作家称赞为最富有诗意和艺术表达的建筑，在建筑师的眼中，这是一个特殊的场合，是一次成功的伟大雕塑。由于建筑不同于文学，不同于绘画和雕塑，建筑语言有其自身的规则和要求。某些"象征性"建筑是文学和非建筑的结合体。德国建筑师本尼奇指出，"就形式而言，人们往往有着诸如此类的认识'误区'：凹形—庇护；凸形—对抗，低矮—宜人舒适；松木—复归大自然……形形色色的建筑中出现了那么多不可信的、欺骗人的构件，仅仅因为设计者在试图追寻历史形式而已"。在现实生活中，某电影公司办公楼设计成放映机状，某汽车销售中心设计成汽车造型等，这类建筑大多给人以"想当然式"的感受，把建筑语言当成随意加工的广告素材，生怕别人不知道该建筑的性质，这种贴标签式的做法反映了大众审美趋向的迷失和设计者创造力的贫乏。

### （二）建筑本体的回归

中国现代地域建筑文化只是基于中国现代的实践，而不是"传统"的光大。"传统"可以为现代文化提供养分，但不应成为现代文化的价值来源，这包括体系结构概念方面的问题。观念的进步标志着思想的解放。尽管建筑不等于哲学，但是建筑无法达到成熟，因为建筑活动的全部目的是争取本体。回到建筑本体的思考，这是相关问题的逻辑起点。

1.对地域建筑本体的思考

所谓本体论，就是关于世界的本源或本体的学说，即研究存在本身的形而上学的一个分支。海德格尔的"基本本体论"认为，本体是人的存在本身，存在就是本体。哲学从本体论开始，反映了人类认识的秩序：从外部世界、客体开始，然后返回自身，研究客体，再探讨主体和客体的统一。

关于建筑本体的问题可以从两方面认识：一方面是建筑的本源和目的。人与自然的关系是建筑发生的原点和归宿，建筑作为人类的创造物是人生存于自然的标志，它的发展是以人类早期生活的本能发现和经验为基础的。如前所述，从建筑起源上看，建筑形态最早是由对自然形态的利用和简单的物（建筑材料）的叠加方式形成的。建筑发展的历史可以说是一个形态产生、发展和演变的历史。人类早期为了某种实际功利目的而利用、改变自然物形态，以从中实现他们所意识到的目的要求。建筑形态间的结构关系就是一种秩序，并与人类的社会生活、文化活动相关。

建筑形态的"原型"对后期建筑形态的形成起着重要作用。伽达默尔在《真理与方法》中指出，"原型"是在建筑本体意义上把生活功能模式化的一种表达。可见，原型体现了形态的基本结构，并直接体现着建筑秩序的要素。建筑形式的演变是原型的发展和扩充，秩序要素间的关系也因此由模糊走向明晰。

建筑的目的不仅仅是追求建筑与环境之间的平衡，其根本目的是人类生存。建筑物的本质取决于建筑物的用途，建筑文化、人与自然共同构成了一个伟大的建筑生存体系。

另一方面是建筑物本身的独特性。独特性不是一成不变的，它随着时代的发展而进步，并赋予建筑新的内涵和新的形式。这种独特性涉及许多方面，如功能、技术、社会、艺术、空间、生态和文化等，并且在建筑发展的每个历史时期都受到不同的关注。

2. 回归建筑物本身的方式

从本体的概念来看，建筑也可以称为人类创造的空间形态。在建筑与人的关系中，人们通常更加关注建筑物本身和使用者的要求。有一类人经常被忽视，这就是建筑师。当面对相同的建筑基地和功能要求时，为什么不同的建筑师会有不同的设计方案？这取决于设计者的设计水平和综合素养。建筑师是建筑创作的主体，建设水平的高低与建筑团队的整体素质密切相关。

特别是自 20 世纪 90 年代以来，在全球化和商业化建筑的影响下，随着外国建筑师及国内外合作设计的增多，国内建筑创作水平日益提高。从现代主义到后现代主义，再到解构主义，当代建筑师的设计理念一直受到哲学和建筑学的影响。因为在解构主义者看来，语言本身就具有消解性，建筑作为语言也具有同样的性质。消解即否定结构的永恒性，指出结构的建构性，因为结构是建构起来的，也是可以消解的。解构主义的本质就是要消解带有传统精神的"结构"，从而对西方文化自古希腊以来追求"整体—结构—中心—本源"的思维模式提出挑战。

这亦影响到了中国建筑师及其设计思想，这种新的形式和探索是传统建筑理论无法解释和评述的，是建筑自身独特性在新世纪的发展。建筑不一定发明新的东西，它只要学习且延续自然景观。建筑在自身发展过程中从确认自身走向解体自身，异化为"风景"，因为建筑本身即是自然异化的产物，建筑走向"风景"是实现自身异化的结果。但这与"有机建筑"有着本质的不同，"有机建筑"是理性的物化，表现为对自然形态的模仿和适应，而"风景"是与自然内在结构的一致，在偶发与随机中生成。

建筑作为人的一种存在方式，随着"游戏"的进行而得以新陈代谢。正如美国学者迈克尔·默里所分析的那样："'游戏'的思想在当代哲学中有着普遍的应用，它所征兆的当代哲学的重要变化是值得我们去研究的，这种思想可在尼采和海德格尔那里找到，而且还在维特根斯坦的语言游戏中起到了重要作用，语言游戏中表现出来的秩序完全不是逻辑秩序。"

例如，建筑师赵冰在河南邓州雷锋纪念馆设计中体现了"游戏胜于谨慎的安排"这一解构主义建筑观。设计者通过红旗的隐喻和点、线、面的布局，改变了人们对政治性纪念建筑的传统认识和构成方式。巨型的红旗和五星、鲜明的色彩对比产生一种视觉冲击和变化，成为雷锋精神的现代阐释，正统的语说方式以一种形式的游戏存在，这是一个能指的建筑，不是一个所指的建筑，是一种形式语言的游戏。传统的中心结构试图用组织的固定性、确定性和整体性来限制游戏，而"游戏"则允许运动的存在，无法确定的东西的存在，承认广泛的可接受的补充物的存在。游戏是反固定化反中心的，由于不存在作者的绝对权威，不存在绝对的本体论上的所指，游戏具有一种无限的力量。这样一来存在瓦解了，随后产生了对现实的新的探讨。

# 第三章 中原文化中服饰文化的建设与发展

## 第一节 中原文化地域汉族服饰图案特点的演变

### 一、服饰图案概述

#### (一)"图案"溯源

图案是色彩或朴素或华美、形式或精炼或繁复的装饰图形,是约定俗成的符号,是一目了然的视觉语言。在汉语词汇中出现"图案"之前,古代典籍里就已经有一些与"图案"词义相似的语汇了,如《汉书·礼乐志》中的"披图案牒"、杨慎《艺林伐山》中的"按图索骥"等,"按图"即"图案"。除此以外,古代还称"图案"为"文""文章""纹样""花样"等。

中国近代社会中"图案"一词的使用可以追溯到西方设计的开端。1919年,作为西方现代设计发端的包豪斯设计学院于德国魏玛成立,随着现代设计理念传入日本,在对一个新词——"design"进行翻译时,开始频繁使用"图案""设计""意匠"等词汇。事实上,早于"design"的现代设计理念建立之前,日本就有图案方面的教学存在。据档案记载,日本东京美术学校即现在的东京艺术大学在1887年已经开设了"图按"课,后将"图按"改为"图案",意义表达更加准确。1919前,东京美术学校也开办有"图案"课,岛田佳矣时任图案科主任。

在中国,设计的前身是传统工艺美术,现代设计学科的发端也是工艺美术学科的教学架构,而图案正是工艺美术的构成基础。1918年,几乎是在西方包豪斯设计学院成立的同时,陈之佛在浙江甲种工业学校任教时就编撰了一本图案讲义,可谓中

81

国人自己编的第一本图案教科书。或许正是由于"图案"一词出现较晚，而源于中国传统工艺美术、文物考古中的"花纹""纹样"出现较早，所以一直以来常有将"纹样""纹饰"与"图案"相混淆的现象。词汇具有"实质含义"与"文字表象"两个特征，某一个词语出现的早晚和内涵的深浅没有必然联系。从根源上来看，"图案"的本源词汇及实质含义早在汉代就存在了，只不过在语言的进化过程中有了一些表述上的改变。由此可见，"图案"是个很大的概念，它包含着"纹样""纹饰"，三者绝对不是并列关系，这一点必须明确。

### （二）图案的造型与意象

通俗来讲，"图案"就是各种图形组成的模块。每幅图案中都不仅有一个图形，若干个图形按照一定的原则（或者目的）组合在一起构成一幅图案，这个原则（或者目的）就是创作图案的主体创作这个图案时的想法，借助图案外在的"象"表达其主观的"意"。后来的研究者分析研究这些图案时总是尝试着最大限度地还原图案创作者最初的动机，也可以称之为思想。即使这个动机是无意识自主形成的，但一定是存在的。王弼在《周易略例·明象》中说："夫象者，出意者也；言者，明象者也。尽意莫若象，尽象莫若言。"就是说"象"和"意"具有密切的关联。刘勰在《文心雕龙·神思》中说："独照之匠，窥意象而运斤。"本意是说具有独到眼光的工匠能够按照心中的形象挥动斧子，其实就是表达了"所有的创作在开始之前就已经有清晰的目的了"这个意思。王夫之在《周易外传·系辞下传》中也提出："天下无象外之道。""象由意出"的主张说明主观的"意"与客观的"象"之间存在必然的联系。①

图案的造型方法与绘画等造型艺术不同，它具有更多的表现手法，除了生活中的具体形象以外，一切抽象的形象也都是图案造型的基本手段。构成图案造型的要素是点、线、面，可以运用这些基本要素，加上一些色彩上的处理，运用对比与统一、对称与平衡、节奏与韵律、条理与重复、比例与权衡等形式美法则，再结合材料、工艺、技术及功能等方面进行总体意匠，是图案造型的基本方法。

图案源于生活而高于生活，作为一个非个体创作的艺术品，它是人民大众智慧的结晶。因此，探讨图案的思想内涵自然不是针对某个人，或者某些人。图案研究的主体不是图案创作者本身，而是创作者的动机。作为源于生活的服饰图案，自然也是随着社会和人们观念的改变而不断变化的，是随着历史的发展不断演进的。为什么有的图案在不同的时代具有不同的寓意，第一个图案是在什么时期产生的，在何时被广泛

---

① 王保国.中原文化遗产及其当代价值[N].中国文化报,2008-6-28（3）.

使用的，又是在什么时候被冷落甚至消失的……图案作为一种人类的艺术思维模式，其自身的变化中一定包含着政治、社会、历史、经济等多方面的原因，人们研究图案就是要探究这种思想的本源，找寻文化的共性和个性。

**（三）服饰图案的演变轨迹**

图案设计与服装设计一样，都是人类有目的的社会性创造活动，属于人类社会的物质文化活动。从设计学角度研究服饰图案，能够发现图案本身不同的表现手法及其与服饰的关系，如配合服饰功能的艺术处理、纹样与服饰形制的适应以及工艺技术对图案表现的制约和影响等。从民俗学角度研究服饰图案，能够发现不同地域、不同人群的特色思维模式与图案的关系，如图案内容与生存环境的一致性、图案题材与民俗民风相符性、图案工艺因受到经济条件制约而发生的改变等。图案的意象与旨趣、图案与民俗，特别是与生活的关系，这些都是很有研究价值的。

服饰图案的运用经历了从原始时期对蒙昧的美的追求到图腾崇拜，进而演变为权力、地位象征，并最终成为广大民众心态的反映这样一个发展过程。服饰图案的发展轨迹就是一部人类文明的发展史，服饰图案的演变折射出人类社会在政治、经济、文化等各个方面的变化。

## 二、先秦时期服饰图案的发展轨迹

"先秦"有广义、狭义两种含义，分别对应着两种不同的时间界定。广义的"先秦"指的是从原始社会、夏商周、春秋战国至秦统一前的漫长历史时期。狭义的"先秦"仅指春秋战国。著名学者黄摩崖先生将先秦比作中华文明的头颅，先秦时期是中国古代历史的发端阶段，也是图案纹样的重要形成期。从原始社会到夏商周三代，继而到春秋战国，图案的发展脉络清晰可见。服饰图案从无到有、从简到繁、从规矩严整到渐显舒展、从仅对自然事物的客观摹画到加入主观意识的加工塑造，图案的发展经历了一个相当长的历史阶段。

**（一）原始社会纹样搭建了现代图案的基础**

原始社会是人类社会发展的第一个阶段。考古资料显示原始社会的服饰装饰物，包括头饰、颈饰和腕饰等，材料大多以天然石材、猛兽牙齿、鱼骨和各种贝壳为主。在物质生存条件极为恶劣的环境下，人们佩戴这些饰物绝不仅仅是为了装饰，更多的是对渔猎胜利的纪念和炫耀，以及对下一次猎捕行动成功的祈愿。由于原始社会时期还没有纺织品出现，因此所谓的"服饰"并不是我们现代意义上的纺织品服饰。虽然迄今尚未发现原始社会的"服饰"及其图案，但是图案确已广泛存在于同时期其他很多的日常用品及周边生活环境中。

在没有文字的原始社会，我们的先民竟然已经创造出千变万化的图案形象，特别是种类繁多的几何形图案，形式之多样、结构之复杂、配色之和谐，都已经达到相当成熟的程度，如仰韶文化中的鱼纹和花瓣纹、马家窑文化中的舞蹈纹和漩涡纹、齐家文化中三角纹和菱形网纹、辛店文化中的回纹和波浪纹、大汶口文化中的卷云纹和折线纹、龙山文化中的兽面纹和云雷纹、大溪文化中的绞绳纹和横折线纹、屈家岭文化中的太极形回旋纹和棋格纹、河姆渡文化中的十字形纹和稻穗纹、马家浜文化中的绞编纹与镂空纹、良渚文化中的神人兽面纹与鸟纹、红山文化中的几何纹与三灵纹等。直到现在，在被广泛使用的图案中，几乎所有的基础图形都能从原始社会的纹样中觅到踪迹。不仅如此，连图案的基本构成方式似乎都是沿用着原始先民的构成法则。

### （二）夏商周时期是服饰图案的开端

夏商时期开始出现青铜器和玉器，纹样的风格和精细程度都较之前有了比较明显的变化。动物类纹样明显增多，神话题材纹样中运用的变形夸张手法极具创造性。器物表面已不仅仅是以单元纹饰或连续纹样为主的装饰风格，开始出现局部形象的单独使用。

中国的服饰图案经历千百年的发展历程，有着悠久的历史。商代是有文字记载、出现服饰图案最早的朝代。商代的手工业已比较发达，除了众所周知的青铜冶炼铸造业、制陶业和玉石雕刻业以外，商代的种植业、纺织业也很发达。商代服饰材料主要是皮、革、丝、麻等，其中丝麻织物占据重要地位。由于纺织技术的高速发展，商代人已经能够织造质地极薄的绸子，考古中发现大量带有几何纹样的锦、绮和绞织机的罗纱，说明商代已经掌握了精湛的工艺。

在奴隶社会，奴隶主享有至高无上的权力，奴隶主穿的都是绣有一定图案的象征贵族的衣服。图案在服饰的表现上，主要以云雷纹、回龟纹、菱形几何纹为主，纹样的装饰部位大多分布在服装的领口、袖口、前襟、下摆、裤角等边缘处及腰带上。服饰上的纹样是为服饰主体服务的，所以通常会做一些形式上的设计，如由一个基础单元图形发展为两个单元纹样的连续组合，或者通过改变基础单元图形的角度形成新的纹样形象，继而再复制组合。这些原始图案的形成方式对后世的图案构成产生了直接的影响。

奴隶社会的装饰图案的设计灵感往往来源于动物，主观色彩并不明显，是一种自然物象的再现。随着社会的发展，人们对纹样的美观追求表现出越来越明显的主观意识，这种意识就是图腾的萌芽。最初，人们把一些动物作为图腾崇拜物，如鸟、鱼、虎等，其纹样先被运用到人们所用的器物上面，如酒具、餐具、生活用品等，但很快就反映在了服饰上。考古发现，商代男女所用的各种玉饰、帽饰、牙箅等也有这种印迹。

### （三）先秦时期服饰图案的特点分析

商周时期服饰面料纹样种类比较单一，织花类的图案基本上是以几何纹样为主，花纹尺寸较小；在表现手法相对自由的刺绣、彩绘类纹样中，会有稍微复杂点的花卉图形，尺寸比织花类图案大了许多。

服饰图案发展到战国时期，在工艺和内容上都有了比较明显的变化，最突出的一点就是开始大量使用龙凤纹样。众所周知，龙凤在中国文化中具有极特殊的地位，其象征含义远远大于装饰意义。战国时期的龙凤纹样与现代人较为熟悉的明清时期龙凤形象差异很大。战国时期，它们在刚刚被创造出来时具有纤细秀丽的特点，后期的龙凤纹样则体现出了一种威严感。战国时期的龙凤刺绣纹样有多种变形与组合方式，常见的有对龙对凤纹、蔓草龙纹、凤鸟花卉纹、龙凤虎纹、蟠龙飞凤纹和龙凤合体相蟠纹等。龙凤纹样的使用多是为了表达政权稳定、皇族昌盛、婚姻美满等美好祈愿。

通常来说，龙凤纹样只能用在帝王穿着的服饰上，它是地位与权力的象征。但战国时期的龙凤纹样造型柔美，丝毫没有令人感觉到肃穆、压抑和凝重，反而给人以和谐、恬静、愉悦的感官享受。这说明先人在表现政治含义时，也不断提升审美情趣，使服饰纹样的设计具有较高的艺术欣赏价值。龙和凤是自然界根本不存在的生物，却被赋予如此丰富的内涵和千变万化的形象。华夏先民本着崇尚超自然能力和维护权威的理念，以独特的审美意识和艺术手法，塑造出集自然动物属性与人文精神于一身的人文动物——龙和凤，并使其传承数千年而不朽。这不能不说是一个奇迹，一个远远超越艺术创作范畴的奇迹。

从战国时期的服饰图案来看，很多图形已不是自然物象的直接描绘，而是基于自然形象艺术加工之后的变化纹样，甚至是主观臆造出的全新组合形象，龙凤的出现就是此类。这说明人们在图案的设计上加入了自己的主观意识，理想化的东西多了起来。任何事物都有一个发生、发展和逐步完善的过程。先秦时期的服饰图案经历了从殷商到周再到战国的发展演变，使服饰图案在设计形式上达到了较高的水平。人们一改之前严谨细腻的设计风格，开始追求一种活泼大方的艺术表现形式。同时，服饰图案也受到秦瓦当造型的影响，开始注重艺术形象的整体性，而不是仅仅拘泥于细节和局部的刻画。

任何艺术风格的改变都是与当时的时代背景分不开的，并最终反映在社会的物态变化上。中国奴隶制社会到战国时期宣告解体，战国是中国古代社会的大变革时期，在意识形态领域百家争鸣，社会思潮和思想观念空前活跃。这个时期的服饰图案也较之前有了比较明显的变化，商周时期的服饰纹样风格大多比较严谨规范，而战国时期的服饰图案开始变得轻松舒展。先秦时期从彩陶纹样到服饰图案的发展演变充分体现了华夏先民的原生审美意识与高超艺术创作能力的变革。

## 三、秦汉时期服饰图案特点

秦朝是中国历史上第一个多民族统一的封建制国家。秦王嬴政当上始皇帝后，立即着手推行一系列加强中央集权的措施，如统一度量衡、颁布新的刑律条令、制定衣冠服饰制度等。由于秦朝只有15年，而汉朝有400多年。秦朝的服饰制度仅属初创，远未健全，加之秦朝出土的服饰原件极少，特点不突出，因此在服饰及服饰图案研究领域多将秦朝与两汉合并研究，统称为秦汉时期。

### （一）两汉时期服饰图案的考古发现

两汉时期纺织品的织造技术和种类都有了极大的发展，与之配套的服饰图案也日渐丰富。早在先秦时期，内陆的丝绸产品就已经远销到北方游牧民族地区，汉代丝绸之路的贯通将物流空间大大扩展了。它不但是一条商路，通过这条贯穿亚欧的大道，中国的丝、绸、绫、缎、绢等丝制品源源不断地运向中亚和欧洲，还是一条友谊之路，通过经济上的往来，各国之间的联系越来越密切。同时，这条丝绸之路还是一个宝库，客观上是为文物保护而构建的天然大仓库。

新疆地区独有的地理和气候条件非常适合文物的保存。新疆多沙漠、戈壁滩。沙漠地区年平均降雨量不足50毫米，而年蒸发量却超过3 000毫米；戈壁滩年平均降雨量是30毫米，而蒸发量却达到了1 000毫米以上。这些地方不适合人类生存，只有为数不多的几种耐旱生物能存活下来。而这种所谓的恶劣气候对古遗址的保存来说却极为有利。两汉时期的许多珍贵纺织品文物都是在沿古丝绸之路的考古活动中被发现的。与之前的同类文物相比，两汉时期纺织品的出土数量明显增多，织物相对完整、体积大，并且大多数文物在出土时色彩都非常鲜艳，基本可以看到原始的颜色。

根据传世文献记载，"五德"服色理论在秦汉时期形成，主流色系均依据所属五行确定。《史记·封禅书》曾有"始秦得水德，今汉受之，推终始传，则汉当土德，土德之应黄龙见。宜改正朔，易服色，色上黄"的记载。此外，西汉还存在认为"汉为火德"的学者，但未被官方接纳；新莽时，曾自认为是土德，根据"五德"服色理论，崇尚黄色；东汉建立后，《后汉书·光武帝纪》记载："壬子，起高庙，建社稷于雒阳，立郊兆于城南，始正火德，色尚赤。"根据这些文献可以大致勾勒出秦汉主流服饰颜色的变化，即黑、黄、赤。

### （二）秦汉时期服饰图案的特点分析

秦汉时期的服装形制基本延续了战国时期的服饰式样，但在服饰图案风格上却有着比较大的改变。

每个历史时期的价值观和审美观都具有趋同性，反映在不同主体上的艺术风格与特点也是近似的。从商代开始，形式多样、纹路繁复、千姿百态的青铜纹样被广泛应用于生活的方方面面，今天在人们看来颇为独特的青铜纹样在那时却是一种人们公认的美的标准。即使这种所谓的"美感"其实是一种原始宗教情感的体现，并不是源于现实生活中的图形而易于被人们理解，但在当时的社会确实已经成为大家竞相追崇的美的标杆。正是基于青铜纹样对人们审美潜移默化的影响，同时期的服饰图案也呈现出类似青铜纹样大气稳重、秩序感强等特点。战国之前的服饰图案给人的感觉多是严谨和规整，而秦汉时期的服饰图案开始逐步朝着明朗、奔放的风格转变，图案的组成元素日趋丰富，构成形式也更加多变。

正如商周时期的服饰纹样受到青铜纹样的影响一样，秦汉时期的服饰纹样也受到同时期其他流行纹样的影响。瓦当纹饰具有极高的艺术成就，是秦汉时期的代表图案，表现手法上具有鲜明的时代特色。秦汉瓦当纹样的内容涉及动物、植物、文字符号和几何图形等，取材多与吉祥、辟邪有关。从同时期的纹锦袍纹样上可以窥见，秦汉时期服饰图案也呈现出大气、简洁的特点，纹样形象富于变化。

## 四、三国、两晋、南北朝时期服饰图案特点

从东汉末年到南北朝之间的 400 年是中国历史上最为动荡的时期之一，中央政权分崩离析，连年战乱与政权更迭造成社会的极度混乱。北方与西北游牧民族大举侵入中原，导致中国历史上人口的大范围流转迁徙。一方面，原有的丝织业种植与纺织格局被打破，丝织业的中心也随之发生改变；另一方面，登上皇权宝座的新贵们迫不及待地要享受奢侈的生活，对丝织品的需求量非常大，客观上刺激了丝织业的发展。

随着政权的建立，南朝各朝对丝织业非常重视，南朝的民间蚕丝生产态势很好，但丝织技术南北方不平衡，南方不如北方，所以政府就将成百上千的北方能工巧匠带到江南，并设立"锦署"专门负责朝廷及后宫的服饰制作供给。北朝各朝对丝织业的管控也很严，严禁民间私藏私用织机和工匠，所有的丝织生产完全由官府掌控。为此，官府专门设立了"丝局""绫局""司染署"等部门以加强对丝织业的管理。

这一时期的服饰纹样在继承传统两汉纹样的基础上，产生了很多变化，主要原因归结为东西方交流的加强，带来了大量异域的文化元素。不同要素融合产生了一批颇具"混搭"风格的创新纹样。同时，宗教题材的加入也为这一时期的服饰图案注入了新的内容。

### （一）三国、两晋、南北朝时期服饰图案的考古发现

从整体上看，魏晋南北朝时期中原地区服装纹饰的考古资料少而零散。

1978 年，河北沧州吴桥发现一座北朝墓葬，墓中出土五件女俑，外衣大多装饰着红色竖条纹。墓中出土一件文吏俑，腰带上饰有弦纹四条。墓中还出土了两件执事俑，一件红色上衣饰有卷草纹，另一件胸前饰有花草纹。

忍冬纹是汉族服饰中一种常见的装饰纹饰，其来源应为北方少数民族。特别是北魏时期，拓跋鲜卑在黄河流域建立稳固的政权，在汉化的同时将自身的文化元素带入了中原地区，丰富了中原文化的内涵，忍冬纹就是其中的一个具体代表。2009 年 4 月，山西大同市云波里路发现一座北魏平城时期的墓葬，在墓室东壁的壁画中绘有墓主坐姿图像，墓主身披大氅，大氅上的纹饰为网状忍冬纹。

同样，在河北磁县的湾漳曾发现一座高规格的北朝墓葬，考古工作者推测墓主为北齐文宣帝高洋。墓葬壁画中的卤簿仪卫图中有槊毦的图样，是具有仪仗功能的兵器上起装饰作用的纺织品，槊毦上布满了圆圈状纹饰。

2000 年 12 月，山西太原王家峰村发现一座北齐墓葬，墓主为北齐太尉、武安王徐颖。墓室北壁墓主人两侧侍女裙边上的联珠纹对兽、花草图案，东壁侍女裙边上和西壁马鞍袱上的联珠纹圈人头像为典型的波斯萨珊风格。六世纪中期流行的联珠纹源于萨珊文化的影响，经由粟特地区传入中原。该墓的联珠纹不同于先秦时期青铜器上的联珠纹，青铜器上的联珠纹削薄简单，多为直线饰边用。

### （二）三国、两晋、南北朝时期服饰图案的特点分析

迄今为止，三国、两晋时期的纺织品刺绣实物发现的不是很多，但一些古文献中倒是有所记述，如魏文帝曹丕在一封诏书中提到的"如意虎头连璧锦"，《三国志·魏志》中记载的"绛地交龙锦""绀地勾文锦"，东晋《东宫旧事》中记载的"丹碧纱纹罗""七彩杯纹绮"，晋陆翙《邺中记》中的"织锦署在中尚方，锦有大登高、小登高、大明光、小明光、大博山、小博山、大茱萸、小茱萸、大交龙、小交龙、蒲桃文锦、斑文锦、凤凰朱雀锦、韬文锦、桃核文锦，或青绨，或白绨，或黄绨，或绿绨，或紫绨，或蜀绨，工巧百数，不可尽名也"，等等。这些纹样出自那个时期的文献典籍，记录的也都是当时的纹样信息。与之前两汉时期文献及出土文物的仔细比

对后，这些纹样大多数是对汉代纹样的继承，与两汉时期纹样的相似度很高，但仔细观察又有很多差别。还有一些纹样里出现了之前从未见过的图形元素，甚至全新的题材。

对于三国、两晋、南北朝时期的工匠艺人而言，两汉时期的纹样在他们眼中就是传统图案。按照这个逻辑，笔者将这一时期的服饰图案分为三类，并结合出土实物和有关文献进行论述。

第一类是"传统"服饰纹样。所谓的传统服饰纹样，并不是说与之前的纹样完全一致，任何事物在继承中都会有所变化，因此这里所说的传统纹样仅仅是指在纹样构图与组成元素上与之前两汉时期的服饰纹样没有明显差异而已。比如，1995年在新疆民丰尼雅遗址出土的汉晋时期锦绣文物中的"五星出东方利中国""讨南羌""王侯合昏千秋万岁宜子孙"等铭文锦与之前出土的东汉织锦基本相同，都是典型的传统纹样。还有一些基本算是传统纹样，如1967年在新疆吐鲁番阿斯塔那北区北朝古墓出土的云气动物纹锦，虽然纹样结构和组成元素与东汉时期纹锦非常相似，但是云气纹的形象已发生较大改变，酷似几何形，没有了汉代云气纹的流动感。兽纹也与之前的兽纹形似而神异，失去了原有的动物的野性。这些纹样的细微差异说明这个时期的审美与之前相比已有一定程度的变化，汉代盛行的气势恢宏的山、云、动物题材已经不再流行。

第二类是"创新"服饰纹样。每个时代都有其时代特色，这个特色会反映在同时期各个方面的物态主体上，服饰图案就是其一。根据出土的纺织品纹样，后来人看到了当下时期具有的历史背景和时代特色，这些特色也与文献记载相一致，那就是东西方文化交流引发的外来文化对本土文化的冲击。当然，从另一个角度看，中原文化对异域异族文化的影响更大。这个时期的服饰图案中出现了大量之前根本不存在的新的图形符号和视觉形象，新元素与传统元素的交互使用构成了具有时代特色的"创新"纹样。例如，《邺中记》中记载的"蒲桃文锦""韬文锦""桃核文锦"等都是加入了新元素的创新图案。

中原文化与波斯文化及其他异族文化的交流日益频繁，反映在服饰图案上就是各种形式的"联珠纹""树纹""忍冬纹""葡萄纹""蔓草纹"相继出现。这些纹样虽然使用的频率并不高，但毕竟是纹样内容变革的重要开端。联珠纹是波斯萨珊王朝的典型图形符号，织锦中出现的各种各样的"树纹"显然与中亚地区的传统纹样"生命树""圣树"有关。而"忍冬纹"的来源就相对复杂了。忍冬纹的纹样是伴随着整个中古时代的一种最具代表性的纹样，主要作为装饰物存在。经过演变和发展，忍冬纹成为印度佛教的一种常用的装饰纹样，后来通过佛教传到了中国。之后，忍冬纹在中国经历了一个时代的变化和更替，从南北朝时期到唐代，在形态上发生了一些变化，那种纯正的忍冬纹已经很少使用了。宋元时期，这种纹样已经很少出现了，而是完全变异成蕴含着中国人审美意象的卷草纹。从新疆地区的北朝和隋唐时期的遗址中，可以发现以异域图形为服饰纹样构成元素的出土文物。

1956 年，甘肃敦煌莫高窟出土了北魏时期的精美刺绣，其花边由联珠纹构成的龟背形几何网架中填充着典型的希腊式忍冬纹，异域风味十足。1959 年，新疆民丰北大沙漠出土了一件高昌时期的圣树纹锦，树的形状很像后世西方的圣诞树造型。每个圣树纹样中都装饰着六盏神灯，树下有成对排列的羊，两株树树冠之间的空隙填充着成对排列的鸟，画面上还有造型简洁的树叶纹、花纹。

第三类是"宗教"服饰纹样。佛教文化源于印度，传播到中亚地区后通过商旅往来渐渐向东方渗透散播，大概在两汉之际传入内地，后经历与中国儒家文化、道家文化的冲突和融合，渐渐成为中国文化的一部分。隋唐时期，佛教的影响达到鼎盛。现有的考古发现，将佛教形象最早应用在服饰纹样上大约始于北朝末期。1966 年，新疆吐鲁番阿斯塔那北区 50 号墓出土了一件天王化生纹锦，其上出现了"莲花""佛像"和"天王"铭文等极具符号性的宗教纹样。画面描绘了天王刚从洁净的莲花池中化生出来的形象，是典型的佛教题材应用在织锦图案中的例证。

总的看来，三国、两晋、南北朝时期的服饰纹样形式丰富、风格多样，在传承汉代织绣图案的基础上，又加入了多种创新手段，突出体现出东西方文化相互交融、佛教落地生根的时代特色。

## 五、隋唐时期服饰图案特点

隋唐是中国封建社会的全盛时期。李世民自夸道："当今远夷率服，百谷丰稔，盗贼不作，内外宁静。"后人称之为"贞观之治"。政治统一、国力强盛、社会稳定在艺术方面的直观反映就是思想开放、博采众长、兼容并包。

自南北朝以后，由于佛教的兴起，植物图案的种类快速增加，带有异域色彩的外来图案莲花、牡丹花和忍冬纹成为汉族服饰图案中司空见惯的寻常题材。唐朝人崇尚丰满，无论是人物造型还是花卉纹样，都体现出繁华富丽、风韵饱满的意蕴。

虽然隋唐时期的政府官员必须按照章服制度穿着特定颜色的服饰，以区分等级与官阶，但是民间服饰没有明显的限制，纹样花色极为丰富，在所有类型的服饰图案上都有明显的发展与创新。圆润的造型、对称的结构、艳丽的色彩、辉煌的气派，处处显示出大国强国的自信和气势，这也是盛唐服饰纹样的突出特点。

**（一）隋唐时期服饰图案的考古发现**

据考古资料，花卉、瑞草、云纹等是唐代服饰的主流纹样。纹样形式较为多样，有单朵花卉、折枝花卉等，主要出现在长裙、披帛、袖口、领口等处。这种装饰在妇女服饰上比比皆是。

1959年3月，山西太原金胜村发现一处唐代墓葬。墓葬西壁、东壁的壁画中各有侍女一名，皆穿装饰有花卉纹样的长裙。裙上分布着单朵花卉和折枝花卉。据发掘报告可知，西壁侍女裙上花卉为红色，东壁侍女有披帛，披帛上也饰有花卉纹样。

1958年2月，陕西长安区东北南里王村发现唐中宗皇后韦氏弟弟韦洞的墓葬。墓中石墩上有线刻画像，画像中有两名侍女，衣服上皆有花卉纹饰。一名女子腰上束带，带上有三角形花卉纹饰依次排列。另一名侍女两腕部衣袖上各有一单朵花卉，裤脚有碎花纹饰。韦洞墓中还有壁画，壁画中两名男侍的上衣上都有花卉纹饰，一名男侍内、外衣上皆有。外衣的腰腹部和袖口皆有单朵花卉，另一名男侍外衣上布满碎花。

除了壁画人物的服饰上有花卉纹饰外，唐代三彩人物俑的服饰上也有花卉纹饰。较之壁画而言，三彩陶器由于制作工艺和材质特性，上面的花卉纹样很难做到像绘画一样精细，因此绝大多数只是会意，但也足以显示出当时的服饰图案风貌。"唐草"是唐代服饰上的主流纹饰之一，它包含若干种植物的叶茎纹样。因此，"唐草"是一种很笼统的叫法，仅仅因为唐代开始流行，所以被后人冠以"唐草"之名。1987年7月，山西太原南焦化厂发现一座唐代早期墓葬，墓葬壁画中有两名侍女，均身着长裙。左边着黄裙，持"丫"形杖侍女，裙上明显有满地图案，但具体花型难以判断，仅仅根据图案形状推断可能是瑞草。另一执拂尘侍女长裙也是黄色，裙上图案为红色，分两种，一种为花，另一种与执"丫"形杖侍女裙上的图案一样。

云纹也是唐代服饰的主要纹样之一。1971年，陕西省礼泉县郑仁泰墓中出土了一件仪卫俑，胸前、袖口布满红、绿、蓝等颜色的云状纹饰，非常清晰，绘制精美。无独有偶，河南博物院院藏的一件唐代文吏俑的胸前、袖口和领口处也装饰有明显的云状纹饰。

**（二）隋唐时期服饰图案的特点分析**

隋代服饰风格趋于华贵，并一直延续到唐代，唐代最时兴的女装形制是襦裙，裙腰以绸带高系于腋下，长裙飘逸垂地。裙上的图案一般有雉、斗羊、翔凤、游鳞等，章彩华丽。刺绣有五色彩绣和金银线绣等。隋唐时期的裙身已普遍使用印染花纹技术，分多色套染和单色染，大大提高了服饰的美化效果。隋唐时期的服饰，特别是女装，富有时装性与流行性，频繁的东西方交流使旧有的传统服饰融入新的文化。同时，西北民族服装对唐代女装也有一定的影响。稳定的社会秩序、开放的着装风气等必然使这一时期的服饰纹饰异彩纷呈。

在服饰装饰上，隋唐时期服饰图案的突出成就之一就是把服饰纹样描绘在彩塑的衣服上。如今，人们见到的以敦煌石窟为代表的壁画佛像都有精美的服饰，这不仅显示了工匠的高超技艺，也让后人领略到隋唐服饰图案的设计巧妙与生动细腻。隋唐时期的服饰图案改变了以往模仿的习惯，多以真实的花、草、鱼、虫进行写生创作，同时继承了传统的龙、凤图案，这种图案体现了当时皇权至上、君权神授等一系列思想。

唐代服饰呈现整体发展态势，不仅衣裳图案有比较大的改进，冠服、足服的美饰也在同步提升。从鞋的式样上看，唐代盛行翘圆头鞋，做工精致，图案也很讲究。丝鞋的虎头绣样和现在山东一带儿童所穿的虎头鞋纹样非常相似，只是现在的鞋尖没有唐代那么翘。男鞋的样式和现代的鞋样也有相似之处。这些都说明唐代服饰的发展已经达到相当成熟的程度。

## 六、宋元服饰图案特点

历经三个多世纪的两宋王朝始终背负着民族矛盾的重负，内忧外患不断。就内忧来说，两宋的社会氛围一改唐朝的开拓霸气，转而求安守业。胆怯拘谨的政治态度，加上程朱理学的精神束缚，必然会给各个方面带来无形的影响。表现在服饰方面就是着装风格从盛唐的雍容华贵、袒露飘逸渐变为宋时的静雅素朴、简单保守。宽松的衫裙、呆板的补服、淡淡的妆容，一时间成了中原服饰的模板。

### （一）宋元时期服饰图案的考古发现

两宋时期，政治上的混乱带来一系列严重的民生问题，但统治阶级并没有因此降低对物欲的追求，继续沉湎于奢华享乐。宋王朝统治者的无能不可能阻挡历史的进步。随着技术的发展，城市经济与社会生产力都得到较大的提升。南宋王朝的建立加速了江南地区的开发，对外贸易也非常活跃。丝织产品的深加工工艺得到空前发展，南宋缂丝和刺绣技艺达到新高度。11—14世纪，北方游牧民族的入侵使服饰文化胡汉相融，先进的汉族传统文化深深地打动了游牧民族的统治者，致使其心甘情愿承袭汉族儒学服饰制度，接受汉族传统题材的装饰纹样。这就是在出土的元代的丝织物中见到大量汉族纹样的原因。

宋代的服装纹饰在唐代基础上继续发展。写实风格花卉、菱形纹、叠胜纹等是宋代服饰的主要纹饰。其中，花卉纹依旧是主流纹饰，形式主要有单朵花卉、团花和碎花三大类。

2010 年 11 月，河南登封市唐庄镇发现北宋晚期墓葬一座，编号 2010HDGM2。墓葬壁画中有三名人物的服装上有纹饰。1987 年 8 月，河北怀安县王虎屯乡下王屯村发现一座宋元时期墓葬，墓葬壁画中一名妇女上衣接近领部处有明显的花卉纹饰。1998 年 2 月，河南新密市平陌村发现一座北宋晚期墓葬，墓室壁画中一名女子的围腰上也装饰有黑色花卉。

与单朵花卉和团花相比，碎花在宋代服饰上的应用更为流行。男女服装，儿童服装，侍女、主人、艺人的服装上皆有碎花纹饰。1999 年 8 月，河南登封市城关镇黑山沟村发现一座北宋末年墓葬，据墓中出土的买地券可知，墓主名叫李守贵，墓葬年代为北宋哲宗绍圣四年（1097 年）。墓葬壁画中有多人着碎花服饰：如育儿图中，右侧坐着一位妇人，褙子上有碎花纹饰；图中侍女的内衣及褙子上也有碎花图案，连两名儿童的衣服上也有碎花纹饰。1993 年 2 月，河北张家口市宣化区下八里村发现辽代张文藻墓，墓葬壁画散乐图中的三名乐师和童嬉图中的两名儿童外衣上均有碎花纹饰。2004 年 12 月，河南省济源市东石露头村发现北宋晚期墓葬一座，墓中壁画有两幅侍女备宴图，两幅图中共有十位女子，仔细观察，至少六名侍女都身着白底黑色碎花裙子，每朵碎花由四个黑点组成，其组成方式与 1953 年在西安出土的三彩女坐俑上的碎花纹饰相同。除碎花纹饰外，何菱形纹饰是宋代服饰的主要纹饰之一，无论男装女装，上衣裤子上均有出现，众多的考古发现也佐证了这一点。

1993 年春，河北省张家口市宣化区下八里村发现两座辽代壁画墓，编号分别为 M5 和 M6，其中 M5 墓志记载墓主名张世古，葬于辽天庆七年（1117 年）。此墓主与之前在附近发掘的一座墓葬的墓主张恭诱为父子关系，由此推测这一片墓葬为家族墓葬。在另一座墓主不详的壁画墓中，墓中前室西壁的壁画中绘有一名舞者，身着绿裤，上饰白圈，白圈中点红点，也可以判断为碎花图案。张世古墓中壁画上绘有乐舞图，描绘的是一支乐队，乐队前排三名成员的裤子上饰橘黄色菱形纹。不仅壁画墓中有大量服饰图案的信息，中原地区大量的砖雕文物中也能发现相关信息。如今，国家博物馆藏有两块宋代雕砖，出土于河南洛阳偃师市。

宋代服饰图案中除了大量用到花草类纹样、菱形几何纹样，还流行着一种特殊的几何纹样，它是由菱形纹与叠胜纹组合而成的纹样。大多数女子把这种纹样绣在裙子上。2003 年 7 月，河南登封高村村南发现一座宋代壁画墓，描绘的是生活中最为常见的饮食场景。有一幅烙饼图，图中三个妇女的衣裙上有菱形纹、碎花纹和叠胜纹等多种宋代典型服饰纹饰，左侧女子身着蓝色褙子，裙上饰红色菱形纹，菱形中间饰有红点。中间着红色裙子的女子的裙上饰白色碎花，右侧站立女子着绿色裙子，裙上纹样为叠胜纹。根据以上考古发现可以初步判断，叠胜纹裙子至少在当时当地是颇为流行的款型和纹饰。

### （二）宋元时期服饰图案的特点分析

政治上的失败未必是艺术上的灾难。10 至 14 世纪，西北和东北的少数民族接二连三在中原地区发动战争，这在客观上却为汉族服饰的发展提供了一个契机。以汉族为主导的服饰体系中不断加入契丹族、党项族、女真族、蒙古族等民族的优秀元素和特色织造手法，使汉族的纺织品种类异常丰富，艺术深加工水平达到空前高度，同时对辽、西夏、金、元的织造技艺产生了积极影响。一种新的女服装扮配饰——云肩也在这个时期正式登上汉族服饰的舞台。

政权更迭带来社会变革，社会变革带来服饰的改变，与服饰的变化同步发生的是织物纹样与服饰图案的革新。1988 年，在内蒙古巴林右旗辽释迦佛舍利塔出土了一件帝王级的橙色地丝织物，这件绣品的图案具有典型的汉族风格，"团云龙纹"纹样，龙有三爪，额头上还绣着"王"字，做戏珠状，而内容反映的却是契丹人的游猎生活场景。诸如此类的出土纺织品还有很多，无论是辽、西夏，还是金时期的织物纹样都与唐代、宋代的汉族织物图案高度一致，卷云、龙凤、牡丹、唐草、宝相花这些典型的汉族文化符号被广泛使用。这说明即使在少数民族执政时期，汉族服饰图案的发展进程也从未间断，汉族的文化理念与艺术元素已经广为其他民族的统治者与民众接受。总体上宋元时期的服饰图案有两大特点：一是表现形式从夸张转向写实；二是内容题材中出现吉祥寓意。

1. 服饰图案的写实风格

众所周知，宋代是工笔花鸟画的成熟期，这种崇尚写实风格的画风影响着同时期的织绣图案。宋代花卉造型的装饰性明显减弱，逐渐转向写实性。两宋时期织绣图案中的花卉品种极为丰富，花卉造型以"像生花"为主，常见的有牡丹、芙蓉、菊花、梅花、山茶、芍药、海棠、长春花、蔷薇、松竹、马兰、秋海棠、梨花、月季、朱槿、秋葵、栀子、木香、玫瑰等。这一点无论在考古发现，还是在文献资料中，都可以得到证实。

宋代服饰图案中大多数纹样都不是由单一品种花卉构成的，常常是两三种，甚至四种、五种花卉组合出现，如牡丹山茶、蔷薇菊花、牡丹海棠、梅花茶花水仙、牡丹芙蓉荷梅、牡丹梅兰水仙海棠等。毫不夸张地说，宋元时期将花卉的装饰功能发挥到了极致。

除了花与花的组合纹样，还有花卉与人物、动物、器物、云纹、菱形纹、叠胜纹的组合纹样，如菱纹菊花、芙蓉彩球、缠枝牡丹荔枝童子纹等。除了图案的题材丰富多样以外，图案的构成形式也非常灵活，巧妙利用阴阳图设计的花中套花、叶内套花等之前朝代很少见到的表现方式，如在牡丹的花心里设计一朵莲花，在芙蓉叶内安排梅花。诸如此类的构成形式在宋元时期极为普遍。

元代，统治者虽然不擅长农业生产，但是对手工业极为重视。因此，手工业尤其是纺织与实用技术在元代都得到了很大的进展。

2. 服饰图案中的吉祥题材

"吉祥"一词最早出现于先秦文献《易·系辞》"吉事有祥"中。《庄子》中记载："虚室生白，吉祥止止。"唐代成玄英注解："吉者，福善之事；祥者，嘉庆之征。"绘绣成美好寓意的纹样，即称"吉祥图案"。根据元代费著《蜀锦谱》记载，北宋时期，蜀锦的纹样中就已经有"云鹤""如意""八仙""金鱼"等为后世广泛使用的寓意吉祥的经典题材。除此以外，出土实物中还有婴戏莲（山西辽墓出土）、童子戏花（山西辽墓出土）、莲花鸳鸯（内蒙古耶律羽墓出土）、步步高（江苏武进南宋墓）、松竹梅（福州南宋黄昇墓出土）、四合如意（福州南宋黄昇墓出土）等众多吉祥寓意的纹样元素。

元代之前的装饰纹样中虽也偶见耐人寻味的寓意元素，但并没有形成定式，更没有被广泛使用。元代之后，内容构图基本固定的吉祥图案已经频繁出现在包括服饰图案在内的各种装饰艺术领域，广为社会各阶层接受。由此看来，宋元时期织绣纹样中出现的吉祥元素虽然还未成气候，但是的确已经属于萌芽阶段。蝶恋芍药纹就是传用至今的爱恋主题"蝶恋花"的雏形，至元代，这种寓意的图案组合基本成型。南宋的鱼藻纹和蜻蜓戏莲纹与"鱼戏莲"有着异曲同工之妙，完全是一种思维模式的产物。虽然这个时期的鱼藻纹还比较简单，仅作为花边使用，但是随着人们对图案寓意的追崇，鱼藻纹发展至清中期时已经非常成熟。汉族服饰中的经典情爱纹样"雀踏梅"也能从宋代纹样中觅到踪迹。元代的花卉纹样虽然继续沿袭着南宋以来的写实风格，但是纹样组合图案的吉祥寓意越来越明显，并逐渐成为一种固定搭配。比如，牡丹花与海棠花的组合纹样，利用"棠"与"堂"的谐音，被赋予"满堂富贵"的吉愿；牡丹花与芙蓉花的组合纹样，借"蓉"与"荣"的谐音，被赋予"荣华富贵"的美意。

## 七、明清服饰图案特点

明代的棉花种植技术已经成熟，河南是当时主要的棉花产区。由于棉花种植的普遍推广，棉纺织手工业成为农民的主要副业。仅明初 50 多年间，统治阶级征收的棉布就从 60 多万匹增长到 180 多万匹。河南各地发现的明代墓葬中出土了很多的锦缎衣片，民间保存的各种印蓝棉布数量更多，这些都说明当时中原地区的纺织业非常发达。纺织业的良好发展为服饰繁荣打下了基础。经历了宋元时期服饰图案吉祥意义的孕育发展，至明清时，花卉纹样的设计组合越来越多地体现出吉祥寓意，基于此目的的纹样创作不再受制于花形、品种与季节的约束，表现手法更加自由。随着社会生产力的发展和生产关系的变化，服饰图案的功能性也在发生着变化，当人们对图案寓意的需求超出对画面美观的要求时，图案寓意最终取代其装饰意义，这注定是传统花卉纹样艺术发展进程中的一个飞跃。

明清两代的服饰差异比较大，明代以汉族传统服装为主体，清代则以满汉融合的服饰为主体。虽然清代的服饰图案与织成品纹样几乎全盘继承了明代的内容与风格，以儒学思想为根基的吉祥纹样继续发扬光大，但还是有比较明显的差异。相比较来看，明代的纹样造型较为粗犷、色彩稍显浓重；清代纹样整体上较为细腻清秀，在构图方式、图案设计和着色搭配方面和明代也有比较明显的差别，特别是在工艺的精细程度上有非常明显的提升。清代的刺绣技艺水平非常高，做工细致精美。清末，服饰纹样繁冗堆砌。与之前时期不同，明清时期除出土了大量纺织品以外，还有数量众多、品相完好的服饰传世品。众所周知，大多数出土纺织品都是陪葬品，因其特殊用途，在品类的选择与特征上同日常穿着服饰多少会有所区别，甚至完全不同。而传世品一般都是日常生活中使用的服饰，因此研究价值性、代表性和真实性胜过翔实的文献资料与考古发现。

汉族服饰图案发展到明代基本已经定型，到了清代，图案的主题内容基本没有什么变化，主要是对之前题材与构图的完善和充实。清代的刺绣与缂丝技艺达到史无前例的高度，伴随的问题是不断累加的图案呈现出冗杂感和重复感，虽然工艺比明代精细，但是极度精工细作的绣品让人们产生了审美疲劳。同时，借用各种手法植入图案和纹样中的吉祥寓意也达到了繁冗的境地，服饰图案在这个时期的民俗寓意被发挥得淋漓尽致，真正体现了"图必有意、意必吉祥"这句话的内涵。

**（一）服饰图案的表现手法丰富多样**

意象美与造型美是汉族传统服饰图案的特色，那些原本没有任何特定意义的图案构成元素，千万年间以物质形态存在着，却由于被人们赋予了特殊含义而被竞相模仿。为表达图案中的世俗观念，人们发挥了令人惊叹的想象力，并借助象征、寓意、比拟、谐音、加字等一切能想到、能用到的手段传情达意。

借助一些题材寄托某种含意是吉祥图案常用的手法。题材的选用是能否达意的关键，所以吉祥图案中的题材多来源于广被民众熟知并接受的民俗故事、神话传说，或者文学典籍中的形象。比如，用"桃子""仙鹤""松柏"等题材寓意"长寿"，用"莲花"寓意"纯洁"，用"鲤鱼跳龙门"寓意"科举高中"。如，石榴果肉多籽本是其天然属性，人们在图案中加入石榴形象，期盼多子多孙；葫芦、葡萄等藤本植物，其藤蔓有不断向上蔓延又开花结果的自然属性，因此被赋予生生不息、多子多福的寓意。

比拟就是赋予某种物质题材以人格精神。盛开在寒冬的梅花因其不畏严寒的自然属性和枝干挺拔的外观特征，多用于比拟拥有傲骨的清高文人形象。并蒂莲被比拟为忠贞的爱情，松竹梅被比拟为拥有高贵品质、志同道合的朋友。

谐音是汉族服饰图案中最常见的表达吉祥寓意的手段。五个葫芦四个海螺就是"五湖四海"，喜鹊落在梅花上就是"喜上眉梢"，在眉勒上绣蝙蝠就是"福到眼前"，将毛笔、银锭和如意以绶带缠绕意为"必定如意"。类似的寓意图案还有很多，其中相当一部分至今仍在沿用。

在装饰纹样中直接加文字，或者直接把具有吉祥寓意的文字作为图案元素使用的例子也不鲜见，常见的有"寿""福""喜"字等。把一句话拆开当成图案排列也是一种惯用方式。虽然没有明显的阅读顺序，但是凭借民众对这几个字的高度认知，随便怎么读都有吉祥寓意。"百事如意大吉""吉祥如意""百事如意""吉祥如意"，可谓字字吉祥，任由随便组合。追根溯源，这种方式早在两汉时期就已经被频繁使用，如东汉的"万事如意"锦、"延年益寿"锦等。考察研究发现，两汉及魏晋时期在图案上加字的手法运用生硬，没有做到字与图的互动。而明清时期的加字图案显然高明许多，把字融入图中，并根据每个字所依附图案的形状适时调整字形与位置。事实证明，这种打散式排列丝毫不会影响文字的信息传达功能。

**（二）服饰图案的等级含义被强化**

除了服饰图案表现手法的多样化特点，明清时期服饰图案的另一个突出特点就是图案使用时应遵循的等级观念更加森严明确。虽然明代以汉族传统服装为主，清代服饰有满汉融合的趋势，两代服饰在形制上有比较大的区别，但是在图案的等级寓意及表现手法上可以说是一脉相承。

从夏商周三代到元，每个朝代对帝王以及官民服饰图案的使用都有严格限制，每个朝代大多参考前朝规定。这种服饰图案等级化已经成为中国封建社会官服的主要特征之一，但在图案的表现上还没有达到太过于直白的程度。明代首创的补服制度将图案与等级紧紧捆绑到一起，一个标记用一块补子表达，人的身份地位一目了然。在笔者看来，明清时期不同官阶补子上的图案早已丧失了艺术审美性，只代表官职高低。在众人眼中，即使二品官服上"锦鸡"纹样设计得再不美观，也比八品上的"黄鹂"看起来"美"。因此，这种"图案"已非正常意义的图案，而化身为一种行政官阶符号。无论是受主观意识影响，还是设计制作者客观上对某些图形设计关注度降低，都会影响对图案审美的评判，评价标准也会改变。历朝历代的正史对官服都有详尽记载，如《明史·舆服志》《清史稿·舆服志》对明清时期的官服制度、服饰形制、图案纹样等都有全面清晰地描述。作为后人，已经无须再去做更多的分析，只需了解其创作意图即可。加之官服中的图案不具备本书所要研究的民俗含义，故对此不做论述。

明清纹样在继承前代图案的同时，在谐音图案和寓意图案上还有创新，同时将图案的等级观念发挥到极致。特别是清代的服饰图案，既强调装饰风格的精细纤巧，又追求烦琐之风，图案的复杂程度达到无以复加的地步。正是由于繁杂，这种服饰图案最后走向了灭亡。物极必反，以此为转折点，后世的服饰图案有所革新，不再一味追求形式上繁杂丰富的审美效果，而是更在乎图案的寓意性与内涵。

## 八、民国时期服饰图案特点

### （一）封建社会衣冠制度被废除

辛亥革命推翻了统治中国近三百年的清王朝，结束了中国延续两千余年的封建帝制，作为封建规章的礼制也随之瓦解。作为阶级划分制度的衣冠等级制度由于它的不平等性也被取缔。民国初期颁布的《服制》明确规定官员不分等级，都以西式大氅或燕尾服作为礼服，下装为西式长裤。日常一律穿普遍服装。有记载说，"宫廷内外，一切前清官爵命服及袍褂补服翎顶朝珠，一概束之高阁"。延续数千年的衣冠之制彻底解体。西风东渐，西式服装的引入使民国时期市民的穿戴丰富多彩，不论男女"洋洋洒洒，陆离光怪，如入五都之市，令人目不暇接。民国的建立，各方面都有浮面的清明景象"。民国时期的服装经历了一个表面中化，实质西化的过程。从 20 世纪 20 年代开始，旗袍成为汉族妇女普遍穿着的服装，并一直延续到 20 世纪中叶。

### （二）民国时期服饰图案具有民俗意义

服装的变革必然带来服饰图案的变化。封建帝制的消亡不仅是社会制度的巨变，还使服饰图案中作为等级符号存在的特殊纹样寿终正寝。事实上，从清朝后期开始，民间美术就已经风生水起，服饰图案在民间的应用越发普及，寓意图案广为民众所接纳。民国时期，汉族民间服饰图案处处显示出文化意识与生活特征交融的双重性，并越来越凸显出标榜时代、民族、身份、情感的特征。中原地区汉族服饰图案既没有山陕地区图案的粗犷浓烈，也没有江南地区汉族服饰图案的清风雅致，其率真自然、醇厚质朴的服饰图案风格看似平平淡淡、简简单单，却饱含着丰富的地域民俗内涵。

服饰图案从外表看是对服装的美饰，其实包含了不同穿着者对生活理想的祈求。它是一种文化记忆符号，记载着人类社会在政治体制、人文观念、审美标准以及民俗民意方面的本质变化。

### （三）民国时期服饰图案是等级身份的标志

民国时期，虽然衣冠与图案的等级区分被强制废除，但不同社会阶层的身份特征还是以其他方式呈现着。这种阶级差异直观反映在服饰面料和服饰图案的题材这两个方面。

首先是服饰材料的不同，无论是传统的上衣下裳，还是新装旗袍，权势阶级与富裕阶层的服装材料多用绸缎，工艺讲究。衣服上绣满花纹，领、襟、袖、裾等处都滚有宽阔的花边，继续延续奢华之风。城市平民的日常服装多为棉质，传统服饰与新式服装并用，绸缎面料刺绣图案的服装仅为特殊场合的穿着，较为珍贵。农村妇女依然保持着上衣下裙的形制，且多为土布。妇女大都会珍藏几件重大场合穿着的礼服，如结婚礼服、嫁妆之类。这些衣服的面料多为绸缎，服饰图案精美、寓意吉祥，且均精工绣制，艺术水准不亚于官宦人家的绣衣。

其次是服饰图案的内容题材不同。统治阶级与富裕阶层的服饰上的图案大都是加官晋爵、追求功名的主题，年轻女性服饰中的图案则反映出她们追求荣华富贵和美好爱情的精神诉求。题材除了象征地位和财富的凤鸟牡丹、金蟾、金鱼外，就是花花草草、鸳鸯蝴蝶、张生莺莺、亭台楼榭等诗情画意的内容，绝对不会出现劳作的场景与生产器具。底层女性一针一线绣制的服饰图案内容质朴，题材生活化，如小媳妇挑着扁担去给田间劳作的丈夫送饭，还有家禽、菜地、孩童、农舍，充分体现了生活的艺术化。服饰图案不仅折射出政治文化与审美的差异，更是区分阶级的特殊标志。

## 第二节　中原文化地域汉族服饰图案的主题和艺术表达

### 一、中原文化地域汉族服饰图案中的情爱主题

汉族服饰图案具有多元化的人文特征与地域特色，是一种形象化地表达生活方式

与生活习惯的物化载体。情爱是人类的永恒主题，也是人类的基本需求，无论从汉族民间的经典爱情故事还是民俗乡规中，人们都能感受到区域与族群中特有的情爱表述方式与媒介。研究中原文化地域汉族服饰中情爱主题图案的艺术表征与民俗内涵，有助于我们更深刻地了解汉族社会及其民族文化的本质与核心。

汉族服饰图案中的情爱主题包括爱恋和繁衍两大类，爱恋与繁衍原本就是一个连续发生的过程，视图案构成元素及组合方式的不同，图案寓意时有交融，时有区分。兼具爱恋与繁衍寓意的图案有鱼莲组合类和凤鸟牡丹类，其他均为单一寓意图案。例如，象征爱恋之意的"蝶恋花""鹊踏梅"，象征祈子繁衍之意的"榴开见子""瓜瓞绵绵""瓜里生子""麒麟送子"等。不同的元素蕴含着同样的情爱寓意，充分体现了汉族服饰图案的丰富性。

### （一）情爱主题图案的产生背景

在生产力落后的冷兵器时代，一个国家能否在战争中不断获胜在很大程度上取决于是否有充足的兵源，而人口数量大的国家自然就拥有绝对的兵力优势。在这种历史阶段，生殖繁育后代已经不仅仅是一个家庭的事情，还成了与国家存亡同等重要的公共事务。上至统治阶级，下至平民百姓，都会把尽可能多地生儿育女特别是生养男孩作为人生第一要务，因此才会有所谓的"不孝有三，无后为大"封建思想，"无后"是对家庭长者的不孝，也是一个家族对君王的不孝。同样，"有人就有势，人多势众""子孙昌盛，家大业大"也都是与"多子多福"观念一脉相承的传统思想。这种思想影响了中国人几千年，直到 21 世纪，即使科学技术已经足够发达，但在生产力相对落后的中国广大农村地区，多子多福的观念依然根深蒂固。观察民间服饰上的图案，就会发现反映爱恋繁衍、求子生殖的内容非常普遍。

### （二）爱恋繁衍交融类图案的艺术表征与民俗内涵

1. "鱼莲"类图案的艺术表征与民俗内涵

"鱼莲"图案的构成要素为"鱼"和"莲"，组合方式大同小异，图案的寓意多是从追逐爱恋开始，最终以生育繁衍为终极目的。从"鱼"与"莲"的位置关系以及鱼的姿态上，又可细分为若干组图案，表达了从"鱼莲相戏"到"连生贵子"的一个完整婚育过程，从而生发出了"鱼扰莲""鱼戏莲""鱼钻莲""鱼泛莲""连生贵子""莲生藕"等一系列图案。这些图案是男女两性从相识、相交到结婚、生育的现实生活写照，蕴含着完整的思维体系和深刻的民俗内涵。

与"鱼莲"图案具有相似构成要素的服饰纹样还有"鸳鸯探莲""鸳鸯采莲""鸳鸯戏水"等，这些图案常常与"鱼莲"图案或者"蝶恋花"图案组合，构成一幅综合图案，以表达共同的寓意。

莲花也叫"荷花"，早在春秋战国时期就已经被广泛用于织物纹样。因其是作为佛教图案的一个组成元素出现的，因此使用时有"吉祥""净土""洁净自爱"之意。随着历史的发展，莲花在民间的使用已经逐渐转向另外一种含义，即繁衍。在民间，莲花是女儿身，是生育后代的母体，"鱼"或者"鸳鸯"则代表围在女性身边的男性。世上那么多花，人们唯独钟情于莲花，是因为绝大多数植物都是先开花后结果，而莲花是在开花的同时就看得到莲房（莲蓬）与莲子，莲不但结子速度快，而且结子数量特别多。淳朴的人们没有太多的生理知识，为了早点有孩子，多生孩子，就一心求吉，期望能沾点神力，利用莲花这个天然特性，借喻"连生贵子"。莲花开放时，不仅莲蓬成熟结子，水下的根茎"莲藕"也成熟了，这个特点显然与绝大多数植物的"先开花，后结果"完全不同。另外，莲花还是自然界不多见的一花两果（上下皆结果）植物，这一点在有心人看来更是大吉之兆。老百姓从身边普普通通的事物中发现规律，将莲花视为快生多产的吉物，并将其嫁接到自身的生活中，赋予其美好寓意，希望夫妻也拥有像莲花一样旺盛的生育能力，生得快，生得多，于是便有了寓意生命繁衍的"因合（荷）得偶（藕）"图案。这种图案在中原民间汉族服饰中的应用非常普遍，代表了普通民众对夫妻生活和家庭生活最朴实的追求与情感体现。

如果以莲花为主的图案中没有出现"藕"和"童子"的形象，说明其寓意还停留在未育之前，尚无明确表达繁衍之意，仅是含蓄地传达了婚恋结合的愿望。一旦出现莲藕和孩童形象，就是确定无疑的爱恋求子之意了。

图 3-1 和图 3-2 是汉族服饰特有的一种配饰，它是围在女子头上的或窄或宽的绣花布带。此物在不同地区有不同的叫法，如捏子、抹额、头带、头条、勒子、包头、眉勒等。眉勒的使用非常普遍，女人带上它既可防寒免于太阳穴受风，又有美化装饰之用。据豫西地区的灵宝民俗资料记载："清时，女性老年人戴黑色绸布绣花捏子，中年戴浅青色绸布绣花捏子，青年戴红色或绿色绸布绣花捏子。富裕之家，在捏子脊缝处缀有玉石、玛瑙、琥珀花子，做装饰品。"

图 3-1　因合得偶眉勒　　　　图 3-2　鱼钻莲眉勒

鱼莲图案是汉族服饰中最为常见的爱恋生殖类图案，它的应用主体没有限制，无论母亲还是孩童，无论服装还是配饰，均可使用。鱼是所有生物中繁殖能力最强的，这对一向重视传宗接代的民族来说，无异于偶像。在"鱼戏莲""鱼拱莲""鱼穿莲"这些图案中，"鱼"和"莲"分别代表了男性和女性的生殖器官，这些图案暗喻男女交媾繁衍后代。

2."凤戏牡丹"类图案的艺术表征与民俗内涵

图 3-3 是一幅中原民间常见的"凤戏牡丹"图案，其实所谓的凤戏牡丹只是一种模糊叫法，根据凤鸟与牡丹的位置关系，又有"凤扰牡丹""凤打牡丹""凤穿牡丹"之分。究其源，与"鱼戏莲""鱼钻莲""鹭鸶钻莲"这类图案具有同样的思维模式与命名方式。民间有"龙戏凤""凤戏牡丹""凤穿牡丹""狮子滚绣球"等图案，在这里以凤凰比男性，以牡丹比女性，或以狮子比男性，以绣球比女性，表达男女爱恋交合的寓意。

图 3-3 凤戏牡丹

人们对动植物的欣赏并未局限于对其外在形态的审美，而是借助物象的自然形态，通过联想、借喻等手法，表达人类对情感、伦理以及精神的诉求，即所谓借物寓意。凤鸟花卉类图案是中原民间最喜闻乐见的服饰纹样之一，主要表达的是对婚姻爱情的赞美，以及对幸福生活的向往。其主要构成元素有两类：一类是飞禽、凤鸟、昆虫等动物；另一类是各种花卉植物，以牡丹、梅花、菊花等较为常见。图案在组成形式上多种多样，根据组成元素及其姿态差异，被赋予了多种不同的名称。

与此类似的禽鸟花卉图案组合还有"蝶恋花""双雁交尾""两鸟连尾（或连身）"等。而含义相似、元素组合不同的图案也有很多，如"鹰踏兔""刘海戏蟾""狮子滚绣球"之类，这些其实也都是对婚恋性爱主题深沉隐秘的表现。

牡丹是中国独有的花卉，素有国花之称，洛阳在历史上就是牡丹的主要种植地，早在唐朝，就已享有"洛阳牡丹甲天下"的美誉了。牡丹因其花型丰满、姿态雍容、色彩艳丽，被誉为花中之王，因此被视为权力与富贵的象征。凤鸟是瑞鸟，配合牡丹共同组成一幅吉祥图案。但在相当长一段历史时期，牡丹花因其为王权的象征，是不能被普通民众随意使用的。

"凤戏牡丹"图案在汉族裙装上也多有应用。"裙"通"群"，民国之前，中原地区汉族女性所穿着的裙多为长方形的布片，裹挟在腰间，重叠成裙状。较为常见的有马面裙、百褶裙、鱼鳞裙、凤尾群、筒裙等。马面裙因其前后两幅最宽的群面形似"马脸"而得名，马面裙的两侧裙幅通常打有褶皱，以方便行走。马面裙是汉族裙装的基本款型，其他裙装多是在马面裙的造型上做一些局部变化。马面裙的裙头使用的是白色棉布，寓意着"白头偕老"，表达了对婚姻生活的美好祝愿。

如果把马面裙两侧的裙幅打上细密规整的褶子，就成了百褶裙。百褶裙又称为"八福罗裙"，从正面两侧向后各折四褶，共八褶。正面和背面的幅面较宽，上面绣着各种花样，其他幅面上的图案为辅助花样。民国之前，各式裙装多为官宦豪绅家的女着常服，平民百姓少有穿用。从民国开始，裙装逐步走向底层民众，但也仅仅是作为节庆服饰偶有使用，除此之外，最重要的穿着场合就是婚礼了。从民国开始至20世纪中期，裙装始终是中原地区汉族女性婚礼服饰的一个重要组成部分。之后停滞了近半个世纪，进入21世纪，随着社会经济文化的全面发展，人们对传统文化越来越重视，这就使节庆礼俗与民俗服饰再次焕发了生命力，传统汉族服饰日益受到年轻人的追捧。无论使用者还是生产经营相关服饰的专业机构，都对汉族服饰的内涵有了更多的关注与研究。

除了常见的马面裙和百褶裙外，汉族女性还有另一种以装饰为目的的裙装——凤尾裙。民国时期，由于受到西式服装的影响，这些形式丰富的围系式汉族传统裙形开始在穿着方式上发生变化，逐渐演变为套穿式样的裙装。但外观上的变化并不大，依然保持着马面裙的特征。民国中期之后，城市女性日常穿着的裙装的传统特征慢慢消失，但作为礼服的裙装依然不失传统服饰之本色。特别是在广大农村地区，马面裙依然是婚礼裙装的主要款式。

20世纪初，在中原地区，刺绣是一种主要用于节庆服饰的装饰手法。因花布奇少，虽有绫罗绸缎，其花色品种亦十分单调。因此，价值较高的衣、裤、鞋、帽等都靠妇女的手工刺绣来装饰点缀，以增加美观度。裙装面料以绸缎和棉布为主，富裕人家小姐穿的裙子基本上都是高级绸缎，绣工精美，平民阶层女孩多穿着棉布刺绣裙子，底层民众和农村女孩平日里则多是穿着自织布缝制的服装，几乎没有绣制服装，一辈子只有出嫁时才有可能穿这么一件带有刺绣图案的高级裙装，面料虽也有绸缎，但更多的是棉布。

牡丹历来被视为富贵之花，因其"花王"的身份决定了只有一定阶层或身份的女性才被允许在服饰图案中用到它。因此，在服饰等级制度被废除之前，贵为花王的牡丹花是不能被民间随意使用的。但是，基于特殊的文化传统，即使在森严的服饰制度控制下，牡丹花依然能够在某些服饰领域为民间所使用，如婚庆礼服。新娘肩部披的花团锦簇的云肩、腰上扎的马面裙、马面裙外搭配的凤尾裙上面都会频繁用到牡丹花。民间婚庆服饰图案中的"越界"之举体现了"法规"与"人性"之间的变通。据说新娘的服饰有时是和皇后一样的凤冠状头饰，表明民间女子在这一天拥有和皇后相同的荣耀。根据传统习俗，文武官员遇见了娶亲的行列也得回避让道。不但新娘在这一天享有特权，而且新郎可以"随心所欲"地装扮自己。

### （三）爱恋类图案的艺术表征与民俗内涵

1. "鹊梅"类图案的艺术表征与民俗内涵

"鹊踏枝"图案（图3-4）最早出自唐代教坊曲，是词调名，后因宋代晏殊词而改名。其实，梅就是"媒"，也是"美"。在古代，喜鹊曾被称为"神女"，民间将喜鹊视为喜鸟。喜鹊立在梅花枝头，喻为"喜上眉（梅）梢"，寓意将有好事发生。

图3-4　鹊踏枝

以相同思路构成的图案还有喜鹊与古钱组合的图案，寓意"喜在眼前（钱）"；喜鹊与蜘蛛组合的图案，寓意"喜从天降"；等等。除此之外，"鹊踏枝""喜鹊踏梅""鹊儿弹梅""喜鹊闹梅""喜上眉梢""喜报三元"等图案都是以喜庆婚恋为主题的吉庆纹样，都曾被大量用在中原汉族服饰中。

鹊梅图案在绣花鞋中的使用频率很高，在豫西把绣花鞋也称为"扎花鞋"。20

世纪50年代之前，中原地区的广大农村在过年时大都穿着花鞋。绣花鞋在图案与体量上差异很大，有的绣花布满整个鞋面和两侧鞋帮（图3-5），有的仅在鞋的前面（图3-6），还有小家碧玉型的，只在鞋尖处点缀一下（图3-7）。无论是满版绣花，还是局部点缀，都各有各的韵味，各有各的特色，难以评述哪个更好。

图 3-5　满版绣花　　　　图 3-6　鞋面绣花　　　　图 3-7　鞋尖绣花

从民间穿着的普遍情况来看，年轻姑娘和少妇喜欢穿着鲜艳色调的绣花鞋，如红色、绿色、紫色等；随着年龄的增长，中年妇女逐渐改穿浅颜色的绣花鞋；老太太遵循传统也会穿绣花鞋，但大多是偏暗的颜色，通常只在侧面或鞋头绣一朵小花加以点缀。

2. "蝶恋花"类图案的艺术表征与民俗内涵

"蝶恋花"是民间爱恋主题最常见的图案之一，其民俗渊源颇为久远。中原民间流传已久的"扑蝶舞"与服饰图案中的"蝶恋花"有相同点，蕴含着相同的文化与思维。

蝶恋花图案在其他服饰品类中的使用也很频繁。蝶恋花图案的民俗意义与其起源密不可分，"蝶恋花"最早是词牌名，出自唐教坊曲，自宋代开始流行，柳永、苏轼、晏殊等名家均以"蝶恋花"为名作词，产生了不少同名的优美辞章，抒写了缠绵悱恻的男女之情。中原民间将翩翩起舞的蝴蝶和娇艳的花朵组合成图案，主要是为了表现甜美的爱情和美满的婚姻，完全没有原词牌名的悲哀之感。图案中的蝴蝶代表男性，花朵代表女子，蝴蝶围绕着花朵飞舞，寓意对爱情的炽烈追求，因此"蝶恋花"就是爱情美满、生活幸福的直观表现，反映了人们对至善至美的生活的追求和向往。

## 二、中原文化地域汉族服饰图案中的祈福主题

"祈求福运，规避祸疾"是每一个人对理想生活状态的核心要求。虽然华夏文化中早有福祸相依的辩证思想存在，但人们还是希望能存福舍祸。按照普世的价值观，名和利是人性的基本需求。中原文化地域汉族民众的价值观也充分体现出这一点，反映在服饰图案上就是祈福主题图案的广泛应用。第一，祈富求名。所谓的"名利双收""名利双全富贵偕""名利兼全福禄偕"即为此意。在民间百姓看来，当官发财就是最大的福。第二，驱灾辟邪，祈祷幸福。祈富求名和驱灾辟邪是一个事物的两个方面，表达的是同一个人生目的，它们共同构成了中原文化地域汉族服饰图案的一个重要内容，即祈福主题。

### （一）祈富求名类图案的产生背景

"富"就是财，"名"就是仕，祈富求名就是对财富和仕途的双重追求，也是福运的核心内容。

"福禄寿喜财"源于"财"和"仕"，名、仕即为禄，禄的原意是步入仕途后所得俸禄，引申为只要求得功名以后就可以财源滚滚，客观地反映了民间大众对富裕物质生活的渴求和向往。"五福"源于《尚书·洪范》，是老百姓对祥福、仕途、健康、喜庆、财富五个方面的人生期望。但随着社会的发展，"五福"慢慢地变成了"四福"，更多时候仅以"福禄寿喜"称之。从表面上看是减少了一个"财"字，但显然不是因为财不重要被忽略，而是因为前面的四字中已经包含"财"。

中国几千年封建社会的观念不仅反映在物质形态领域，更多地展现在意识形态领域。禄的本意是劳动报酬，无功不受禄中的"禄"即为此意，但是当"禄"作为"俸禄"来讲时，却慢慢变了味儿。俸禄的本意是古代官员的工资。当时官本位思想盛行，引发的客观事实是入仕当官吃皇粮，拿俸禄发大财的潮流。所以，"禄"的含义不是简单的工资，而是被扩大成财富的象征。

在官本位思想的影响下，当官几乎成为一个社会公认的成功标志，自然也就成为人们追求的目标，仿佛只要进入仕途，就拥有了幸福的生活和完美的人生。当官就会发财，官做得越大，财运也会越好。如此看来，位列五福最后一位的"财"被省掉不是因为它不重要，而是因为它可以通过禄得到，所以无须单列。

祈富求名主题的图案以朴素、形象的视觉语言表达了老百姓对美满生活的向往以及对自身价值的追求。简单来说，当官发财已经成为千百年来人们孜孜以求的人生目标。本书无意对此人生观做任何评价，只是想揭示当时社会的真实现象和主导思想，

研究其存在的历史及社会原因。

祈富求名的图案非常丰富，如"冠上加冠""一路连科""独占鳌头""刘海撒钱""指日高升"等。除此之外，还有一大类图案是以"吉兽"形象为元素构成的。这些图案被用于服饰装扮的方方面面，展现了父母期盼孩子仕途顺利，名利双丰收的心情。

### （二）"冠上加冠"图案的艺术表征与民俗内涵

鸡是中原地区较早开始饲养的家禽，与人们的日常生活关系密切。"鸡"与"吉"是谐音，因此鸡在民间被视为吉祥的象征。

公鸡形体较大，被称为"雄鸡"，它威风凛凛，颇有大将风度。李贺的名句"雄鸡一唱天下白"借雄鸡在白昼来临之际的鸣叫，赋予了公鸡"为世界带来光明"的形象。另外，因为"公"与"功"同音，"鸣"与"名"同音，所以公鸡啼鸣又有了"功名"之意。

汉族吉祥图案中用到公鸡的图案大致有三类：一是公鸡与牡丹的组合，寓意"功名富贵"；二是公鸡与鸡冠花的组合，寓意"冠上加冠"；三是作为丧葬服饰中的护佑图案来使用，公鸡被赋予了保护亡灵顺利到达极乐世界的神圣责任。

这里研究的是第二类，即以公鸡和鸡冠花为元素组合的图案。"冠上加冠"一词出自清代赵翼所著的《陔馀丛考·成语》："画蛇添足、冠上加冠，二皆陈轸说楚令尹昭阳之言。"其原意是指做了不恰当的多余动作和行为，形容多此一举，属于贬义词。与此相反，该词在民间却成了褒义词，"冠上加冠"无论是赠予为官之人祝贺升官的贺词，还是预祝升官的吉言，抑或作为吉祥纹样绣制在服饰上，都是受人欢迎的吉祥图案，充满了祝福之意。也许正是因为它的这一正面含义在民众间广为流传，以至于几乎没有人再去注意它原本的贬义。

"冠"可谓一字三解：一解为公鸡的鸡冠；二解为花卉名鸡冠花之"冠"；三解为古代官帽之"冠"。无论是两只带冠公鸡的组合，还是公鸡与鸡冠花的组合，抑或两朵鸡冠花的组合，都可以被称为"冠上加冠"，并可以引申为"官上加官"，是民间喜闻乐见的祈富求名图案。这种图案的构成简单，大多绣在占据空间不大的生活用品上，如枕顶、荷包。另外，"冠上加冠"还经常作为组图之一用于体量较大的服装的吉祥图案，共同构成寓意丰富的服饰精品。

### （三）"吉兽"图案的艺术表征与民俗内涵

民间将具有吉祥寓意的动物视为"吉兽"，以"吉兽"作为服饰主要元素的图案是祈富求名图案中比较特殊的一种形式。

猪是十二生肖之尾，在民间，猪不仅是丰收与财富的象征，还与做官有关。在古代，每逢科举考试时，商家就会专门烹制熟猪蹄大肆售卖，因为"熟蹄"与"熟题"谐音，所以引得众考生争相购买。他们主要是图一个"熟悉考题"，进而"朱榜金榜"的吉兆。加上"猪"与"诸"谐音，因此又有了诸事如意的吉祥寓意。

围涎俗称围嘴，它是一种幼儿功能服饰，起遮挡作用，目的是防止口水和食物污染衣服。图3-10是一个民间儿童服饰中常见的猪形围涎，它像一个圆形环围巾一样围在小儿颈部，后部开口，有半身式与全身式样两种。

以猪为元素设计的儿童服饰用品大致可分为两类：一类突出猪头；另一类突出猪蹄。图3-8所示的这个猪形围涎就是被刻意夸张了猪蹄部分。由此可以断定，绣制此围涎的母亲或者外婆在心中寄托了孩子长大获得功名的深层期盼。图3-9所示的猪头鞋则完全忽略了猪蹄的存在，突出的是憨态可掬的猪头，其寓意自然也是不一样的。

图3-8　猪形围涎　　　　图3-9　猪头鞋

除了围涎外，小孩穿的"眉眼鞋"（图3-10）也体现了求名心理。所谓眉眼鞋，就是虎头鞋、猫头鞋的另一种叫法，有些地区也有狮头鞋。因为这些动物有眉有眼，所以叫作"眉眼鞋"。顾名思义，穿了眉眼鞋，孩子长大后才知眉眼高低，做人灵活，不吃亏，会看眼色行事，能当官。

图3-10　眉眼鞋

中原地区民间对眉眼鞋的制作颇有讲究,如果孩子有姑姑的,一定要让姑姑亲手做才最吉利,并且要一次做三双。鞋的颜色也是有讲究的,男孩要穿红色的鞋子,女孩要穿绿色的鞋子,这与中原地区民间流传已久的"红男绿女"的审美风俗是高度一致的。除了颜色以外,眉眼鞋在鞋底上也有特殊的制作要求。纳鞋底时,中间必须留一小块地方不纳实,含义是"心里空",期望小孩将来聪明。

眉眼鞋与虎头鞋从外观上看并没有什么区别,无非是人们出于不同的心理需求,赋予了它们不同的寓意。这种现象在汉族服饰图案的使用中并不罕见,如"鸳鸯戏莲"与"一路连科"图案外表相似,而内涵大不相同。

## 三、中原文化地域汉族服饰图案中的生命主题

每个人都渴望长生不老,对于永生的追求是不受种族、国界、教派、性别影响的。在中原地区的传统文化观念中,吉祥万寿是一个适应所有场合、所有对象、没有禁忌的祝福词。服饰图案中的吉寿图案与中原民间的庆寿习俗以及尊老敬老的传统有直接关系。人们在追求家族兴旺的同时,也希望长者健康长寿,期盼四世同堂甚至五世同堂。

### (一)长寿类图案的产生背景及表现形式

民间追求长生不老主要是受统治阶级的影响。有资料显示,官方的祭寿活动始于东汉,唐代也曾有相关宫廷政令,如《通典·礼四》中记载"大唐开元二十四年七月,敕宜令所司特置寿星坛,宜祭老人星及角亢七宿"。道教的教义和主旨就是长寿永生,并创造了"八仙"这些流传甚广、影响至深的长寿者形象。

长寿图案不仅应用于服饰上,更多的是在年画中的使用。中原地区民间对年画情有独钟,在现代印刷术没有出现之前,年画都是通过木板雕刻、套色印制实现的。不同于服饰图案的表现类型那么宽泛,年画专用于年节,内容大都是吉祥祈福之类,长寿主题占据了很大比重。经典年画有松鹤延年、仙桃捧寿、麻姑献寿、八仙庆寿、鹤鹿同春等。这些主题的图案元素众多,内容丰富,形象相对复杂,很适合年画这种画幅尺寸大、规格标准的物品。但这些图案在服饰中的应用并不是很多,即使用到,也基本集中在小孩的服装或大型活动的服装上。图3-11所示的寿星仙桃图案就是一件小儿衣

**图3-11　寿星仙桃**

物的绣面，受制于表现空间的狭小，图案比较简单，构图也略显单调，显得不如其他图案生动丰满。

所以总体上，服饰图案要受衣物及饰品的位置、面料与使用方式的限制，因此画面构图较为零碎。只有那些形象灵活、边缘随意、组合方式自由的纹样才便于安排设计。比如，花花草草、寿桃、蝙蝠、仙鹤、猫虎、佛手瓜、如意纹、田字等是极具代表性的象征图形，也是中原地区广为流传的长寿主题图案元素。

### （二）福寿图案的艺术表征与民俗内涵

1.“福在眼前”与“五福捧寿”图案的艺术表征与民俗内涵

“福在眼前”是中原地区汉族服饰中最典型的一款祈福图案。主题纹样由“蝙蝠”和“铜钱”构成。蝙蝠的蝠与“福”同音，铜钱的“钱”同“前”，而硬币的孔是“眼”，表示“福在眼前”，蕴含人们对美好生活的渴望。

还有一种情况是图案中没有钱币元素，但是由于图案的载体是一个特殊的服饰用品，也能够恰如其分地表达“福在眼前”的意思。图 3-12 所示的这个眉勒上面只有如意纹与蝙蝠，并没有任何与钱币有关的元素，但是因为眉勒佩戴时的位置恰好在眼睛旁边，眼前晃动的正是飞舞的蝙蝠，所以“福（蝠）在眼前”之意表达得再明确不过了。

图 3-12　福在眼前

只因蝙蝠的“蝠”与福气的“福”同音，这个其貌不扬甚至是有点丑的飞禽竟然成了被人们世世代代仰慕的吉物。鲁迅在其杂文《谈蝙蝠》中对此现象做出了精辟分析：“这也并非因为它吞噬蚊虻，与人们有益，大半倒在它的名目，和‘福’字同音。以这么一副尊容而能写入画图，实在就靠着名字起得好。”将蝙蝠与民间吉祥图案的关系剖析得极为透彻。

“五福捧寿”是另一个由蝙蝠作为主导元素，广为中原民间喜爱的福寿图案。据

《尚书·洪范篇》所载："五福，一曰寿，二曰富，三曰康宁，四曰攸好德，五曰考终命。"五福之中排在第一位的就是长寿，最后一个考终命也是善终的意思，也就是说世间众生的首要追求是对健康的期盼，都希望能活得长久。所以，"五福捧寿"图案的中心必定要有一个象征长寿的元素。这个长寿元素有时是经过变形的寿字样图案，有时也用寿桃或寿星来代替，体现了汉族传统文化中福寿一体的哲学思想。

2. "三多"图案的艺术表征与民俗内涵

"三多"与"九如"合称为"三多九如"，都是祝福之词，最初源自《随园笔记·庄子天地篇》"华封人祝尧曰：'使圣人富，使圣人寿，使圣人多男'。尧辞之曰：'多富则多事，多寿多辱，多男多累'"。这是人们用具象的自然之物来寓意抽象理想的标准范例，同时体现了中国古人朴素的辩证思想，任何事物都是一分为二的，有其利必有其弊。"九如"即如山、如阜、如陵、如冈、如川之方至、如月之恒、如日之升、如南山之寿、如松柏之茂。典型的"三多"图案由佛手瓜、桃和石榴组成。佛手瓜也叫"多福佛手"，谐音"福寿"，寓意长寿；桃美称"仙桃"，也叫"多寿寿桃"，祥福之意广为人知；石榴也叫"多子石榴"，因其子多寓意多子多孙。这三种果实将多福、多寿、多子这三种吉祥意义组合在一起，故称其为"三多"图案（图3-13、图3-14）。

图 3-13　肚兜边饰　　　　　　　　　图 3-14　荷包

"三多"图案是中原地区汉族民众最喜欢的吉祥图案之一，其形象生动直观，构成要素简洁，寓意适应广泛，因此用到服饰上便捷、美观，流传也最为久远。与此相对应的是"九如"图案，因为其寓意的专属性较强，内容较为繁杂，形象生涩，识别性不强，久而久之就越用越少，逐渐淡出了人们的视野。

## 第三节 中原文化地域汉族服饰图案工艺及保护传承

### 一、中原文化地域的汉族服饰图案工艺

中原地区服饰图案采用的女红工艺主要有刺绣（也叫扎花）、贴补绣、割绒等，还有彩绘、晕染、钉珠、缀穗等其他若干辅助性工作。女红对女性的意义绝不只是物象表面的技巧炫耀，而是人生地位的存续与寄托。中原地区有着几千年封建社会的根基，在封建社会中，女性借助女红追求自身存在感，这也是汉族社会民俗文化的重要内涵之一。

从女红艺术的装饰技术层面来看，技法是起决定作用的因素。丰富多彩、形式各异的服饰纹样和装饰图案都是通过技术手段呈现出来的，所以说工艺技术是一切织物图形的构成基础，是服饰图案的基本塑造手段。

#### （一）刺绣工艺

各地区刺绣的基本针法大致相同，只是有些叫法不同。除了基本针法以外，不同地域的绣种基于地理环境、人文因素、物产特点以及风俗习惯的不同，在长期的生产生活实践中保留了各自的特色。不可否认的是，在形成独特艺术风格的过程中，针法的运用起到了关键作用，走线的方向、角度以及肌理、纹路使绣品呈现出了不同的视觉效果。

刺绣从唐宋时期开始分化为两类：一是装饰刺绣，俗称画绣，其源于佛像绣制，后来逐渐转化为以模仿名人字画为主的工艺品绣制，其目的是谨遵原画风貌，真实地呈现原画的视觉效果；二是继续使用实用性的刺绣技术，俗称女红，目的是美化服饰及日用品，提升服饰品的综合表现力。这两类齐头并进，互相借鉴，共同发展，本书研究的是服饰领域的实用刺绣，也就是人们所说的女红。

#### （二）贴补绣工艺

贴补绣也叫贴布绣，在中原地区民间的应用非常普遍，根据手法不同，贴补绣又可以分为包花绣、剪贴绣、挖补绣、包纸绣等。

贴补绣的独特工艺手法能使绣品表面呈现出类似浅浮雕的效果，常用于童鞋、童帽和眉勒的绣制装饰，在云肩中的使用也很常见，甚至有些云肩几乎全部由贴补绣工艺完成。

### （三）包花绣工艺

包花绣就是把填充物包进绣料中再进行绣制，民间所用的填充物多是就地取材，以棉花居多。准确地讲，包花绣工艺中绣的成分极少，甚至没有。使图形边缘闭合以及将其固定于底衬或其他下层布料的手法主要是缝，而不是绣。

中原地区的民间刺绣辅助工艺有近十种，其中应用最广泛的是绷花。绷花就是用针穿单根线，从一个中心点起针，再从背面收回到起针点，寥寥数针缝出一个放射状图形，或圆形，或半圆，或扇形的花朵。虽然形象很简洁，但花朵的特征很明显。除了绣植物图案外，这种针法还经常被用在儿童服饰图案的绣制中，如在威猛的老虎额头上绣出几朵小花，立刻使凶猛的老虎平添了几分俏皮。

## 二、汉族服饰图案的保护与传承

衣排在衣食住行的第一位，人类文明的演进史从某种程度来说可以用服装发展史来解释。中原地区的汉族服饰是中华民族历史文化变迁的忠实反映，是华夏文明的重要载体。图案作为服饰上最为瞩目的视觉符号，不仅严密切合服装的形制与功能，起着装饰美化衣衫的作用，还具有强烈的表征意义与民俗内涵。对服饰图案的研究有助于社会学、历史学、宗教学、考古学、艺术学、人类学、民俗学等学科的发展。

服装作为纺织品，因其固有的纤维物理属性，不可避免地存在易分解、难保存的客观特性。虽然很多专家、学者长期以来都在致力于服饰保护方面的技术工作，但是我们不得不承认，就目前的科学研究水平来看，无论采取何种处理方式都做不到将服装实物永久地保存下去，即使能够做出与实物一模一样的复制品，也仅是延长了存世时间，由于这个复制品依然具有纺织纤维的物理性征，所以还是不可能永久保存的。为了让后世子孙能够一睹先民创造的民族艺术瑰宝并利用这些资源做更深入的研究，必须通过数字化手段将服饰图案相关信息保存下来。

建立数据库，利用数字化技术将日渐消逝的物质文化遗产信息保存下来是应该与服饰研究同步进行的工作。数据库是存储信息的载体，也是传播信息的媒介，它是借助计算机保存和管理大量复杂数据和信息的软件工具。构建汉族服饰图案数据库的目的就是利用现代科学技术手段实现物质文化遗产的保护和传承，这是一种行之有效的手段，也是一项迫在眉睫的工作。

# 第四章　中原文化中电影与电视纪录片的发展与探索

## 第一节　中原文化在河南电影中的传承现状与困境

### 一、中原文化在河南电影中的传承方式

河南电影在经历了不断地改革和发展后，已经成为一条重要的文化输出动脉。为尽量清晰地描述出运用河南电影传承中原文化的现状，本章选取了河南电影各个类型中的代表作，来归纳现阶段河南电影的艺术表现形式，并总结出传承中原文化的方法和特点，详细阐述现阶段中原文化在河南电影中的文化传承方式。

#### （一）突出运用文化符号

无论是豫剧电影中极富中原特色的板胡音和唱腔、乡土喜剧电影中大量有趣方言的应用、故事片中对中原风光的描摹，还是功夫片中少林功夫、禅宗奥义的表现，这些富有中原文化色彩的符号都被充分地运用在河南电影中，使河南电影拥有了无与伦比的文化魅力，也使中原文化的形象化道路拥有了强有力的依托。比如，豫剧电影在国际影坛产生了巨大的影响，吸引了更多年轻的观众，也以电影的形式使豫剧的舞台剧目得以保存和传承。就豫剧电影本身来说，它也因尊重豫剧舞台的美学特征而形成了独特的地域风格和视听特色，吸引了更多的电影人才。由此可见，河南豫剧和豫剧电影的积极创作是一个相互刺激、共同提升的过程。

然而，我们也应当清醒地认识到文化符号的双重性质。一种特色往往也是扩大化推广的困境，这一问题显著体现在乡土喜剧电影中。方言在喜剧电影中的运用虽然有其独特的幽默与趣味属性，但是方言本身非常强烈的地域性会或多或少地影响电影的

受众群体。不过，河南乡土喜剧电影的创作已经注意到这一点，如在电影《谁 hold 住谁》中，方言已经被有意弱化，这是河南乡土喜剧电影的一种创新尝试，是非常值得鼓励的。

### （二）精巧架构叙事框架

在突出文化符号的基础之上，叙事框架精巧也是河南电影荣获佳绩的法门。比如，在《念书的孩子》中爷爷煤气中毒的情节里，就很巧妙地设置了悬念：在影片开头的多次伏笔里就隐隐透露着爷爷身体不好的信息，那么这次煤气中毒，爷爷会不会有生命危险？这种担心让观众集中注意力去关注故事的走向，也带入了自己的情感，在确定爷爷没事时，观众也跟着松了一口气。类似的叙事技巧体现在《村官李天成》中商量全民参股时众党员诉说创业时的艰辛，李天成左右为难的时候；在《不是闹着玩的》中一位普通话不标准的老师教授村民普通话而笑料百出的时候；在《新少林寺》中做饭和尚面对军阀自觉功力不够不知是该退却是该迎敌的时候……这些都在不同程度上与观众的情感体验产生了共鸣，让观众或感动，或大笑，或百感交集，对影片中人物的命运产生了不胜唏嘘的真情实感。可见，扎实的叙事功力在河南电影传承中原文化的过程中起着支撑作用，因为好的叙事才能使观众"入境"，只有"入境"，才能使观众对中原文化有更加深入的感知，从而自觉传承。

当然，以电影传承中原文化可以适当尝试更多的模式。例如，与《不是闹着玩的》和《给你一千万》等电影相比，电影《谁 hold 住谁》去除了河南本土演员及方言，故事的内容、背景与主题不再局限于河南本土。这样的泛化剧本创作，可以放在任何一个城市背景去讲述，增加了与更多地区的受众产生观影共鸣的机会，不失为河南轻喜剧电影模式的创新，值得借鉴和学习。

### （三）典型与意境相结合

"典型"与"意境"分别代表了东方艺术和西方艺术的特质。在不断涌现的河南电影佳作中，典型与意境的融合为中原文化的传承提供了独特的审美体验。在豫剧电影中，典型人物、典型事件在与中原传统戏剧艺术营造出的意境的相逢和相融中焕发了勃勃生机，成了河南电影中的一大品牌，为文化传承与交流提供了可供学习的形式。在功夫电影《新少林寺》中，嵩山少林寺这一典型的中原文化地标同"禅宗"中的妙悟、宽恕的意境相结合，使观众在"绵绵若存，用之不勤"的缓缓渗透中逐渐领略到中原文化沁人心脾的魅力与真谛。

河南电影中一些"境生象外"的空镜头的运用是创造出电影浓郁的诗情画意的重要手法。电影空镜头有些类似于传统绘画的"留白"而又不同于"留白"。空镜头并非空无所有，它又称"景物镜头"，指影片中出现自然景物或场面而不出现人物（主要指与剧情有关人物）的镜头。《念书的孩子》《村官李天成》等影片中许多空镜头的运用都体现了无限的空间、凝滞的时间，足以引发人们无限的遐想。诸如此类，导演在电影表现中有意无意地借鉴绘画中的"留白"技法，使艺术意味藏存于"空白"中，其所表现出的模糊性和不确定性会激起观众对"空白"填补和创造的意愿，让观众的心灵与电影文本进行精神对话，从而体会影片所蕴含的"韵外之致"和"味外之旨"。

电影的制作和诗歌的创作、画家的绘画一样，需要"思接千载，视通万里"的沉思与酝酿，并在具体的镜头语言中将想象具体化。正是导演的这种意象思维保证了电影艺术意象美学追求上的整一性。而且，电影叙事技巧的使用从根本上离不开导演的意象思维，换句话说，只有在导演的意象思维中，电影的各种技术手段才能最大限度地服务于电影的意象表现，尤其是随着电影"仿真"技术的日臻完善，电影意象创造越来越明显地表现出其"造梦"的属性。电影已日益成为现代人文化传承和文化养心的不可或缺的"梦工厂"。

## 二、中原文化在河南电影中的传承困境

尽管河南电影的发展取得了良好的成绩，但中原文化在以"电影"为基础的科技文化产业的普及过程中仍然面临着很大的困难。特别是在中国喜剧电影背景下，河南本土特色喜剧电影仍然缺乏话语权和竞争优势。河南本土具有作家群的优势，但河南电影无论从量还是质上都与河南作家群呈现出不匹配性。以上种种现象勾勒出了河南电影在中原大地中的"盆地"景观。

### （一）创作观念滞后

电影在日常生活中带有庄严的"仪式感"。当然，随着网络的普及以及影像传播途径的多元化，随着观众远离电影院，这种仪式感正在逐步消解，可以说这是一种遗憾，但这种仪式感无论如何都不能被电脑取代，因为电影能制造出震撼力的原因是银幕带来的"距离感"，这种距离感既有实际的物理距离，又有观众在欣赏过程中与银幕故事保持的适当的心理距离。虽然银幕无法取代，但是电影的传播环境毕竟改变了，特别是带有明显地域色彩的河南电影，还承担着传承中原文化的重任，电影的创作观念就需要做出转化。可实际情况是河南电影的创作主体在创作观念上表现出明显的滞后性，具体表现在对中原文化的挖掘不深入、影像思维落后和创意模式僵化这三个方面，下面将逐一进行分析。

1. 文化挖掘不深

虽然人们把中原文化的作用总结为"河南影视资源宝库"，但从现状分析来看，河南电影并未对中原文化资源进行深入挖掘，甚至整个河南省的文化产业发展都因为开发不足而陷入了"大而不强"的困境。挖掘不充分的重要表现在于反映出的中原文化形态是不足够的，因为河南不止有一个少林寺，而是拥有十大文化类型，这十大类型如下：①以河南龙山文化、裴李岗文化、仰韶文化为代表的考古文化；②以夏商周文化、汉魏文化、唐宋文化为代表的政治文化；③以老子、庄子、墨子、列子、张衡、许慎、张仲景、吴道子、杜甫、韩愈、岳飞、朱载堉为代表的名人文化；④以白马寺、少林寺、相国寺和龙门石窟为代表的宗教文化；⑤以汴绣、钧瓷、汝瓷、官瓷、唐三彩、南阳玉雕、朱仙镇木版年画、浚县泥咕咕、淮阳泥泥狗等为代表的民间工艺文化；⑥以宝丰民间演艺、濮阳杂技、豫西社火、豫南民间歌舞等为代表的民间演艺文化；⑦以豫剧、曲剧、越调、怀梆、宛梆为代表的戏曲文化；⑧以淮阳庙会、浚县庙会、中岳庙会、关林庙会、商丘火神台庙会、鹿邑老君台庙会、汝州风穴寺庙会为代表的庙会文化；⑨以新县鄂豫皖苏区首府、确山竹沟中共中央中原局所在地为代表的红色文化；⑩以嵩山、南太行、伏牛山、大别山、桐柏山为代表的山水文化。

另外，河南还有十八区域文化，分别是郑州的商都文化、洛阳的河洛文化、开封的大宋文化、濮阳的神龙文化、鹤壁的淇河文化、新乡的牧野文化、焦作的太极文化、安阳的殷商文化、商丘的火神文化、驻马店的天中文化、三门峡的虢都文化、许昌的汉魏文化、平顶山的曲艺文化、南阳的汉文化、周口的寻根文化、信阳的茶文化、驻马店的红色文化、济源的愚公文化。这里所说的大多数在河南电影中并未得到充分展现，有很多甚至毫无踪影。对文化类型的认知不足是大多数河南电影创作者无法深入挖掘中原文化内涵的根本原因。

2. 影像思维落后

因为对中原文化的不同层次和方面的研究不深入、不认真，所以被影像忽视的部分依然被忽视着，更谈不上选择适合的影像表现方式来传播。比如，以河南龙山文化、裴李岗文化、仰韶文化为代表的史前文化在电影世界中并没有得到充分展现。而在大力发展动画产业的今天，在以青年群体为观影主力的时代里，以动画电影的形式来表现着实是一种既能体现先进影像思维，又能使中原文化在青少年中的传承效果显著提高的创意之道，可惜至今真正属于河南电影的动画电影尚未出现，属于中原考古文化的优秀佳作依然在期望与想象中。再如，几大古都的历史文化，更适合用虚拟现实的技术来表现，大胆创新可使人有身临其境之感。还有中原地区的民俗文化，除了器物类可以融入动画的造型外，对于一些非物质文化遗产类民俗，应该从影像人类学的视角，以纪录电影的形式抓紧拍摄、抢救。

影像思维落后除了体现在没有充分运用多样的电影表现形式来表现文化外，还体现在故事情节上。毋庸置疑，要精心打造电影作品的故事情节。有人认为，电影产业已由以内容为主发展到以营销为主，但是从传承中原文化和塑造中原影视品牌的角度看，内容还是最重要的。然而，过于执着于河南电影叙事功能会成为影像思维跟上时代发展的障碍，由于传统叙事的缓慢节奏和老套的故事情节，会丢失"网生代"的观众，这些在快节奏的互联网时代成长起来的新一代人群习惯于在碎片化的时间里直观地表达自己，对跟不上时代的影像思维落后的电影会产生疏离感，这种电影会成为文化传承的障碍。可以说，当前制约电影发展的两个重要瓶颈就是其节奏性弱和时代感不足。因此，传承中原文化的河南电影作品要争得一席之地，就必须从讲好与时代紧密结合的故事开始。这就要求导演和编剧最大限度地发挥观察力和想象力，深入挖掘生活中具有震撼力的人和事，然后用精彩的吸引人的故事生动地表达对新时代、新生活的理解。

3. 创意模式僵化

影像思维落后导致创意模式僵化，其首先表现为人物塑造性格单一，缺乏新角度。进入 21 世纪以来，河南经济社会发展迅速，人们的生活发生了很大变化。然而，电影中的河南人总是停留在"农民"这一传统形象上，具有鲜明时代特征和现代意识的当代河南人的艺术形象在电影中表现不足。

另外，需要强调的是河南动画电影缺失的问题，因为动画电影是创意思维的集中体现，而且在挖掘中原文化的过程中很多被忽视的民俗器物其实和动画电影有着密不可分的关系。比如，钧瓷、唐三彩、南阳玉雕、汴绣、淮阳的泥泥狗、朱仙镇木板年画等都是绝佳的动画造型素材，而且这些器物本身就有着极高的文化价值。这些具有中原特色的器物如果转化为动画造型，就可以丰富动画艺术形象。将民俗器物通过适当的途径运用于动漫创作中，是河南动画电影甚至中国动漫产业繁荣发展的必然趋势。另外，这些民俗器物可以丰富动画的艺术表现形式，将地方本土文化语言成功运用于动画创作中，同时结合人们的审美需求，就能够创造出广大观众喜爱的动漫作品。同时，动画作品可以成为中原民俗文化生存和发展的主要媒介，有利于提高河南传统文化的地位和知名度，进而达到挖掘和传承河南民俗文化的目的。尤其对于濒临灭绝的非物质文化遗产而言，这是一个很好的拯救之路。但是，现实情况不容乐观，目前网络上只有少量的与河南豫剧有关的 FLASH 动画流传，规模化的动画电影还未出现，中原文化中的大量具有观赏性的素材还处在待挖掘状态。

### （二）市场链条残缺

市场链条的残缺主要体现在以下三个方面。

其一，缺少推广意识，认知度偏低。以电影《不是闹着玩的》为例，自 2010 年 3 月 12 日在河南省奥斯卡院线登录以来，该片在河南本地连续上映了 40 天后，才在同年的 6 月 7 日在北京举行首映礼，基本上属于自产自销型。这就造成河南乡土喜剧电影在河南之外的地方认知度不高。推广意识的薄弱导致河南电影几乎只在本地叫得响，而对外却传不开。

其二，缺少商业运作，影响力有限。中国电影产业化和市场化发展迅速，成果显著，但以河南人为主人公的影片在市场上都没有显著成绩。这固然与市场运作意识薄弱、电影趣味性挖掘不足有关，但最重要的原因在于没有打好借势牌，在融合运用多种形式进行中原文化传承方面还有诸多潜力尚待发掘。目前，在进行基础设施建设的同时，河南初步打造了六大系列文化品牌：以《梨园春》《武林风》等为代表的现代传媒品牌，以《风中少林》《禅宗少林·音乐大典》等为代表的演艺品牌，以古都文化、武术文化、寻根文化、宗教文化等为代表的文化旅游品牌，以南阳玉雕、禹州钧瓷、洛阳唐三彩等为代表的传统工艺美术品牌，以马街书会、淮阳周口杂技等为代表的民间演艺品牌，以黄帝故里拜祖大典、中华姓氏文化节、国际华商文化节、"中原文化行"等为代表的文化活动品牌。但是，河南电影在创作和推广的过程中并没有很好地与这六大文化品牌对接，如到目前为止还没有出现与河南本土原创文化品牌栏目《梨园春》相关的电影，《梨园春》在台前幕后有那么多关于豫剧、戏曲的感人故事，它本身足够形成一个资源库，值得运用电影这一形式好好挖掘。五千年的文明史为河南积累了丰富的文化资源，这些资源在社会主义市场经济条件下将转化为雄厚的文化资本。我们既要盘活历史资源，又要不断创新。在中国电影迅猛发展和中原崛起的时代背景下，让中原文化走向世界，让河南电影走向全国、走向全世界。

其三，缺少衍生产业，开发力弱。电影中的衍生品开发是文化产业诞生以来产业链上的创新环节，也是河南电影开发项目最弱的一环。以河南豫剧电影《朝阳沟》为例，该电影播放后产生了巨大的影响力，为杨兰春提供灵感的河南曹村趁改革开放之势改名为"朝阳沟村"，但也只是停留在借名的程度上而已，对《朝阳沟》这部戏，对杨兰春的创作经历，对整个河南豫剧文化没有深入挖掘。2006 年开发的"朝阳沟森林公园"因为经营惨淡，反而成为村里的负担，因此也就没有实现河南省借"朝阳沟热"推广旅游的初衷，朝阳沟村也没有实现经济效益上的改观，目前仍然是一个以农业为主要生活来源的普通村庄，甚至村民都发出了"捧着金碗要饭吃"的感叹。河北的武安市管陶乡也有一个"朝阳沟村"，在河北省著名的企业家兼村支书郭玉良的带领下，依托杨兰春出生地建成了朝阳沟4A级景区。以"戏剧《朝阳沟》，文化山水情"的文化理念为宗旨，依托《朝阳沟》中的元素将一户户农民村社改成"二大娘旧居""银环栓宝旧居"等一系列民俗村落群，建成了一个集休闲、观光、娱乐为一体的文化旅游景区，而且该村全民参股，户户分红，与河南的"朝阳沟村"的经营惨淡形成了鲜明对比。从经营方式上看，河北的这个原叫列江村（西沟）的"朝阳沟村"如果主打杨兰春故乡的天然感情牌，那么为什么不叫"杨兰春村"呢？如果以杨兰春是著名戏剧编剧为金字招牌，那么为什么不改名为"小二黑村"？归根到底，河北"朝阳沟村"还是借助河南豫剧电影《朝阳沟》的影响力成功打造出了衍生品牌，这给后期衍生能力弱的河南电影业上了生动的一课。在目前河南省只有少林寺（依托香港电影《少林寺》名扬天下）旅游比较成功的现状下，如何变守势思维为开发思维，如何借助电影的衍生环节开发出更多更好的创意产品、文化旅游、交互体验等创新型衍生项目是河南电影在中原文化传承的趣味性、亲近性和效益性问题上的巨大挑战。

### （三）人才动力不足

首先，河南作家群未充分发挥作用。以河南作家为主体，包括国内河南籍作家组成的中原作家群是国内极具影响力的作家群。进入新时期以来，坚守在河南本土的张一弓、田中禾、张宇、墨白、二月河以及从河南走出去的刘震云、阎连科、周大新、刘庆邦、刘建伟等当代著名作家不断创作出重量级作品。河南电影要充分利用河南作家群的优势：一方面，将河南作家的优秀文学作品转化为电影作品，借助中原文化崛起，引起大众关注；另一方面，利用作家的创作优势，请作家为电影创作剧本，解决电影剧本匮乏的问题，制作出属于河南品牌的、弘扬中原文化的优秀电影作品。

其次，在人才培养方面，一个遗憾的现象是在基础教育以上层次中，河南至今没有专门的电影艺术学院。"百年大计，教育为本"，按照匈牙利马克思主义电影理论家贝拉·巴拉兹的话来说，"提高群众对电影的鉴赏能力，实质上意味着提高世界各民族的智力"。这对电影制作和电影发展来说同样适用。从这点来看，之前总结的中原文化资源开发不足、创作人才的思维闭塞、省内市场的链条残缺等问题均可从河南省电影人才培养教育的缺失这一点上找到根源，这对中原文化传承来说是亟须解决的问题。

最后，在人才引进方面，从河南走出去的优秀影视人才为数不少，而且成就颇丰。比如，2016年引起轰动的G20杭州峰会的宣传片导演李恒君是河南新乡人，获得第 66 届柏林国际电影节主竞赛单元金熊奖提名的电影《长江图》的导演杨超是河南信阳人。他们也都拥有为家乡拍电影的热情，李恒君就表示："河南有很深厚的历史文化，我也非常期待能把河南的这些故事传递给更多人。"除此之外，还有对中原文化感兴趣的外地导演，如屡次以河南登封少林寺的禅文化和武文化为灵感来源进行电影创作的香港导演。扩展人才交流平台、改进人才引进模式和升级合作方式是河南电影必须考虑的问题，只有这样才能使中原文化能够借助电影更好地传承下去。

## 第二节　中原文化与电视纪录片的互动

### 一、纪录片文化功能有助于提升中原文化软实力

#### （一）河南纪录片发展的文化轨迹

何苏六教授在《中国电视纪录片史论》中，将中国电视纪录片的历史分为四个阶段：政治化纪录片时期（1958—1977 年）、人文化纪录片时期（1978—1992 年）、平民化纪录片时期（1993—1998 年）和社会化纪录片时期（1999—2004 年）。河南地处中原，特殊的地理位置决定了河南的纪录片创作深受我国传统文化、政治、社会思潮的影响，河南纪录片的发展轨迹大致与这一历史分期相吻合。

河南的纪录片创作在 20 世纪 80 年代以前深受苏联创作理念影响，采用了新闻纪录片的创作模式，纪录片作为政治宣传的工具，使文化意识长期被压制。1958 年6 月 1 日，北京电视台（中央电视台前身）播放了中国第一部电视纪录片《英雄的信阳人民》，其内容主要反映信阳地区人民抗旱、坚持生产的事迹。作为中国第一部电视纪录片，它昭示着中国电视纪录片此后近 20 年的新闻纪录时代的来临。这一时期的纪录片深受国内政治环境的影响，强调影片的宣传、教化功能；这一时期河南题材的纪录片还有《红旗渠》等；这一时期纪录片风格单一，《英雄的信阳人民》和《红旗渠》表现的都是集体主义、英雄主义，片中人物是政治宣传的符号；这一时期的纪录片还存在着声画剥离，重视声音的宣传、鼓动作用，忽视画面语言等问题。

进入 20 世纪 80 年代，纪录片的总体特点开始向人文化和平民化转变。纪录片制作者的文化意识崛起，向内挖掘我国传统文化的积淀，是这一时期纪录片的一个重要特征。这一时期的纪录片在题材选择、创作理念、创作技巧等方面由一元走向多元，开始关注个人的存在，镜头开始从符号化的英雄人物转向普通的个体。纪录片创

作人员总希望通过电视节目去追溯我们民族的悠久历史，志在表达中国人民创造东方文明的艰苦历程。这一时期的纪录片《丝绸之路》《话说长江》《话说运河》《黄河》等作品都显示出对本土文化、传统文明的关注和反思。30集电视纪录片《黄河》以黄河为线索，对黄河两岸中华民族的传统文化、风土民俗等进行记录，无不显示出创作者自觉的文化意识。以第23集《古都洛阳》为例，虽然该片依然采用了解说加画面的传统创作模式，但是在画面语言、解说词的写作、同期声的使用上还是体现出了创作者人文化和平民化的创作倾向。该片对洛阳的牡丹、唐三彩、白马寺等传统文化进行记录，显示出自觉的文化意识。

进入21世纪，纪录片的责任与影响力获得重视。这一时期对主流社会现实的重新关注是中国电视纪录片最有价值的回报。在此期间，"市场"和"社会责任"成为影响纪录片发展的主要因素，社会价值已成为主要焦点。纪录片的主题已从发现和记录普通百姓扩展到文化精神的重构，这将纪录片的特征提升到了新的思想水平。以《河之南》为例，纪录片回归主流文化和纪录片制作观念的转变在这一时期都有所体现。首先，从创意的概念来看，纪录片已经从"形象化的政论"和对寻常百姓的好奇记录转变为对社会核心价值的关注，从而使个人真正融入社会文化故事。在背景中，用理性的纪录片代替创作的审美趋势使纪录片不再是政治宣传，而是一种具有独立思想和品格的艺术。在《河之南》中，通过历史细节来诠释中原的历史和文化。其次，纪录片强调其社会责任。它接近现实生活，历史文化的纪录片也将历史置于现代社会的语境中进行研究。再次，人们重视市场的作用，纪录片的制作更适合大众。主题的选择要考虑到观众的需求。《河之南》选择中原文化为中国文化之源，镜头的信息含量增加了很多，画质也得到了很多改善，并且镜头的选择更加合理。《河之南》涵盖了中原文化都城、文学、艺术、思想的方方面面，信息内容丰富、可靠。在叙事策略上，《河之南》采用了故事化的叙事方式。

### （二）纪录片文化功能与意义

从微观方面审视纪录片的文化功能是多方面的，其中最重要的是纪录片在文化方面的承载与传播功能。

纪录片的承载功能是纪录片文化功能的重要方面，纪录片对文化的承载功能主要表现在纪录片的文献价值上。由于纪录片具有真实性的特点，可以说纪录片是用影像书写的历史，在文献方面具有重要的史料价值。它成为各个国家隐性宣传自己的文化传统、生活方式、价值观念、地理风光的最佳载体，成为各个国家争夺话语权的世界性语言。在我国，纪录片注重文化品格和社会责任，强调纪录片对人们的启迪和警示作用。我国是一个拥有 5 000 年文明的古国，悠久的历史留下了璀璨的文化，需要我们去记录和梳理，因此我国的纪录片工作者对历史文化题材的纪录片表现出特别的关爱。纪录片对文化的承载功能还体现在纪录片所具有的认知方面的价值上。纪录片以生动真实的影像和客观的记录精神，成为人类求知和探索的重要途径，成为人们认知和审视自身及社会的重要工具。从纪录片诞生开始，人类就表现出对纪录片审视功能的关注。在纪录片《北方的纳努克》中，弗拉哈迪采用跟踪拍摄的手法，记录了一个因纽特人家庭的故事。影片通过对这个家庭的情感和命运的关注，通过对当地文化传统的展示，审视、反思了现代工业文明给传统文明带来的破坏。再以《河之南》为例，该片首次全面展示了中原地区的历史文化，记录了中原文化的起源、兴盛和衰落的历史过程，让人们在对中原文化的博大厚重深感骄傲的同时，也对其衰落感到惋惜，能够引起人们对当今社会及人类自身的审视。

纪录片在文化传播方面的价值是其文化功能的另一个重要方面。约瑟夫·奈认为，一个国家的软实力是"通过吸引而非强迫或收买的手段来达到所愿的能力。它源于一个国家的文化、政治观念和政策的吸引力。"纪录片的文化传播功能是建立在真实和平等的基础上的，通过传播本民族和国家文化、生活传统、人文风貌等方面的价值观，寻求建立共识，以期达到传递民族文化和价值观，提升文化软实力的作用。目前，我国纪录片在内容表现方面更加多元化，在创作理念、影片质量等方面积极与国际接轨，在文化传播方面已经取得了长足的进步。

## 二、中原文化为纪录片创作提供了不竭动力

### （一）中原文化为纪录片提供创作题材

中原文化博大精深、源远流长。河南省原省委书记徐光春曾经将河南文化概括为 18 个方面：史前文化、神龙文化、政治文化、圣贤文化、思想文化、名流文化、英雄文化、农耕文化、商业文化、科技文化、医学文化、汉字文化、诗文文化、宗教文化、戏曲文化、民俗文化、武术文化、姓氏文化。河南的历史文化资源具有不可复制的独占性优势：人们要了解北宋的古风遗韵、地理风貌，只能到开封；要了解唐代东都洛阳的历史遗迹，只能到洛阳。河南作为文化资源大省，却缺乏有效的文化传播载体，使其他省份和国外民众无法全面、深刻地认识文化的河南、发展的河南。作为文化的一个重要组成部分，纪录片以真实的记录和独特的视听艺术魅力赢得了普通大众的喜爱，在文化传播与交流方面有着重要的作用。纪录片理应承担起传播中原文化的重任，有效地记录并传播河南悠久的历史文化和当今蓬勃向上的时代风貌。从这一角

度考虑，纪录片无疑是提升中原文化软实力的一个重要支点。

从广义上讲，纪录片所记录的题材无所不包，但是要想创作出纪录片精品，就要选择那些有重要文献价值、文化价值和社会价值的题材。"一个新的、重大题材的发现，本身就是纪录片成功的先决因素。"①在进行纪录片创作时，不需要刻意追求再现历史全貌，而应该努力从浩瀚的历史中挖掘出能符合当代人审美需求的要素，并使这些要素通过声画语言变得精致而能够吸引人，以求满足当代人的审美需求。中原文化为纪录片的创作提供了肥沃的土壤，主要体现在以下四个方面。

1. 以河南丰富的自然、人文景观为主题的纪录片

中原是中华文明的发祥地，曾经长期是中国的政治、经济和文化中心，保留了非常独特的传统文化。比如，郑州的黄帝文化和商文化、安阳的殷商文化、洛阳的河洛文化、开封的宋文化、三门峡的虢国文化、商丘的"火"文化和后商文化、濮阳的龙文化、新乡的卫文化、焦作的太极文化、济源的愚公移山文化等都极具个性。同时，河南自然风光秀美，北部为太行山脉，西部为秦岭余脉，南部为大别山脉、桐柏山脉，中南部自西北向东南横亘伏牛山脉，黄河横贯东西。河南的自然风光与人文景观融为一体，使河南文化资源具有较强的观赏性、故事性，因而以此为题材的纪录片的价值大大增加。

2. 以河南典型的历史人物为主题的纪录片

历史人物是纪录片选材的一个重要方面，由于历史人物充满传奇色彩和很强的故事性，往往能够引起大众的浓厚兴趣。河南籍历史名人和在河南生活过的历史名人不胜枚举，如曹操、赵匡胤、司马光、岳飞、袁绍、史可法、庄子、韩非、杜甫、白居易、老子、商鞅等。我们在选取历史人物时，要注重发掘他们身上那些人们欲知而未知的历史事件，注重尊重史实，采用艺术化的创作手法，注重作品在历史与现实之间保持一种张力，力争将历史人物表现得生动传神，彰显中原文化和精神。

3. 以河南当今经济社会发展为主题的纪录片

克拉考尔指出："任何纪录片，不管其目的如何，都是倾向于表现现实的。"②关注当下、记录时代变迁是纪录片最重要的历史使命。改革开放几十年来，河南在政治、经济、文化等各个方面获得了重要的发展，这种发展为纪录片的创作提供了很多精彩的素材。同时，依托中国文化，纪录片可以更加有效地彰显中原文化的形象和优势，这对树立河南新形象具有重要的意义。

---

① 欧阳宏生．纪录片概论 [M]．成都：四川大学出版社，2004：34.

② 欧阳宏生．纪录片概论 [M]．成都：四川大学出版社，2004：63.

4. 以河南当今典型人物和普通民众为主题的纪录片

20 世纪 80 年代以前，我国的纪录片创作理念和手法深受苏联的影响，纪录片往往被简单定义为"形象化的政论"，过于强调纪录片的宣传教化功能，而忽视了纪录片纪实性和艺术性的要求，减弱了纪录片传播文化的功能。目前，我国的纪录片创作理念和手法已经非常丰富了，其中以平民化的视角记录典型人物和普通人的喜怒哀乐成为纪录片的一种重要表现形式，强调纪录片本身要充满人文关怀和社会担当。近些年来，河南涌现了一大批感天动地的人物，如人民的好警察任长霞、不顾个人安危下海救人的河南民工魏青刚等。同时，我们在进行纪录片创作时，要注意将典型人物生活化、大众化处理，发现英雄人物的平凡又伟大的人生故事。在记录普通人的时候要注意发掘他们身上的闪光点，切忌泛泛记录。我们记录典型人物和普通人的目的就是希望以小见大，折射出社会的大环境。

### （二）中原文化精神在纪录片中的体现

文化是纪录片的灵魂，凡是优秀的纪录片总是具有深厚的文化底蕴，并以影像的方式对传统文化进行现代的诠释。中原文化的精神内涵对河南纪录片乃至全国纪录片风格、内容都产生了深远影响。中原文化的精神内涵对纪录片的影响可以从以下三个方面进行考察。

第一，中原文化强调"大同""和合"的思想，尊重人的价值，强调人与人之间的和谐、团结、互助。例如，"天人合一"思想实际上是一种朴素的和谐理念，它强调的是社会稳定的重要性和人的安于存在。2006 年河南电视台创作的纪录片《养蚕人家》记录了河南省淅川县一个小镇养蚕人的喜怒哀乐，通过养蚕人陆华娃由不愿养蚕到开始养蚕，最终通过养蚕走上致富路的经历，表述了人们在一代代的传承中，有和谐，也有矛盾，但最终走向新的和谐的过程。

第二，中原文化强调兼容并包的理念，中原文化非常善于吸纳外来文化，并使之与传统观念相融。例如，《河之南》中，表现了佛、儒、道文化，将中原文化的融合性体现得淋漓尽致。中国纪录片之所以拥有现在的创作水平，与兼容并包的文化理念是分不开的。1979 年，中日合拍了《丝绸之路》，这次合作对我国的纪录片工作者在理念上产生了很大的影响，追踪式拍摄手法、现场同期声等纪实观念开始进入我们的视野，这也是我国纪录片纪实手法普遍使用的开端，同时兼容并包的思想加快了我国纪录片的国际化进程。

第三，中原文化具有自强不息、爱国奉献的精神。《周易》云："天行健，君子以自强不息；地势坤，君子以厚德载物。"这强调人们要具有励精图治、奋发进取、战胜困难的精神，还强调人们应该重视自己的道德修养，要明礼诚信。《河之南》第 10 集《大河之南》中记录了愚公移山的故事，表现了普通老百姓自强不息的精神。此外，中原文化具有爱国主义传统。"河南人素来具有'天下兴亡，匹夫有责'，把国家和民族的根本利益看得高于一切的爱国主义精神；'先天下之忧而忧，后天下之乐而乐'，把国家、民族的生存与发展时刻放在心上的忧国忧民意识。"[①]

## 第三节　电视纪录片提升中原文化软实力的探索实践

### 一、革新创作理念，打造纪录片精品

纪录片的质量直接决定了其内容的含金量和传播文化的功效。中国电视纪录片的发展经历了单一的"形象化政论"的时期，继而出现了纪实主义，到现在形成了各种创作理念百花齐放的局面。纪录片的理念跟随时代发展和普通大众实际需要的变化在不断变化，这就要求我们要将创作理念与现实社会紧密结合，既要坚持创作的本土化策略，又要善于借鉴和吸收其他创作流派和创作模式的优点，从而创作出社会效益和经济效益俱佳的纪录片精品。

#### （一）纪录片创作理念的创新

首先，我们要坚守真实这一基本原则。纪录片一词在西方本身就是"文献""档案"的意思，这就要求人们在制作纪录片时坚持真实，以公正、平实的视角记录河南的历史和当今社会，既不刻意记录一些"高大全"的人物和事件，也不着力渲染社会生活的阴暗面，要坚持记录社会主流，倾听普通大众的呼声。纵观那些流芳百世的纪录片精品，无一不是在真实与艺术方面都取得了非常高的成就。其次，我们在不违背真实原则的前提下，有必要采取一些艺术手段，创作出视听俱佳的作品，以满足收视群体的艺术审美需求。美国学者林达·威廉姆斯指出："纪录片可以而且应该采取一切虚构手段和策略以达到真实。"[②] 比如，中央电视台播出的电视纪录片《河之南》首次全面而真实地记录了中原的历史文化，同时注意采用故事化的叙事策略，通过对黄河沿岸众多历史细节的诠释，演绎了一个个文化故事，为中原大地勾勒出一幅波澜壮阔的历史画卷。在第 4 集《大河之魂》中，讲述了孔子到洛阳拜见老子的故事，虽然

① 金开诚，王思博．中原文化 [M]．吉林：吉林文史出版社，2010：121．

② 欧阳宏生．纪录片概论 [M]．成都：四川大学出版社，2004：59．

这次会晤的细节在历史书籍上并没有留下确切的记载，但是影片根据合理想象，艺术性地再现了这次历史上伟大的会面。这种真实与艺术相结合的创作方法满足了广大观众的收视欲望，同时提高了纪录片传播中原文化的效果。

### （二）纪录片创作模式对中原纪录片创作的启示

比尔·尼克尔斯将纪录片分为六种不同的表达模式：诗意模式、阐释模式、参与模式、观察模式、反射模式和陈述行为模式。我国的纪录片创作基本上都遵循着西方纪录片创作模式的轨迹，同时在实践中形成适合本民族审美习惯的创作特点。在 20世纪 80 年代以前，我国纪录片创作风格深受苏联"形象化政论"和格里尔逊创作模式的影响，主要采用画面加解说的阐释模式，内容单调乏味，重视纪录片的宣传教化作用。20 世纪 80 年代之后，随着纪实理念在纪录片界的传播，观察模式逐渐被大规模使用。进入 21 世纪，纪录片创作模式更加多元化，纪录片多以一种创作模式为主，其他一种或几种模式在片中也有体现。比如，纪录片《美丽中国》就是以观察模式为主，同时融合了参与模式、阐释模式和诗歌模式。

中国纪录片的创作模式的发展轨迹启示我们在创作有关中原文化的纪录片时，既应该主动借鉴西方的先进创作模式，又要结合我国的文化传统和大众的审美需求，走出中原纪录片发展的本土化道路。中原自然资源、文化资源丰富，为纪录片创作提供了取之不尽的题材宝库。在对中原传统文化进行记录时，要注意将历史传统与现实社会紧密结合起来，使文化传统能够符合现代民众的心理需求，能够为中原崛起提供精神动力。

### （三）我国其他纪录片创作流派对中原纪录片创作的启示

我国的纪录片创作深受不同地区地域文化、经济社会发展的影响，整体来看，主要有京派纪录片、海派纪录片和西部纪录片三种类型。三种类型纪录片的创作都在不同的时期取得了令人瞩目的成就，都为中原地区纪录片的发展提供了有益的借鉴。

河南和北京同处大的中原文化的影响范围，河南题材的纪录片也多由中央电视台参与录制，因此河南纪录片受京派纪录片的影响较大。京派纪录片创作风格深受中原地域文化和政治、社会因素的影响，同时京派的纪录片工作者依托中央电视台，因此京派纪录片创作的投资规模往往很大，如纪录片《公司的力量》每集拍摄成本都超过了 100 万元。京派纪录片在选题上往往选取宏大的历史题材和有重大影响的现实题材，在叙事上强调宏大叙事，在审美上往往体现出阳刚崇高之美。以纪录片《河之南》为例，从 10 集片名中就能感受到叙事的宏大。10 集分别是《大河之源》《大河之民》《大河之都》《大河之魂》《大河之光》《大河之歌》《大河之艺》《大河之学》《大河之风》《大河之南》。

相较于京派纪录片，海派纪录片和西部纪录片对河南地区纪录片的影响较小，但是这两派纪录片的创作值得中原地区纪录片学习、借鉴。海派纪录片受上海都市文化和经济社会高速发展的影响，充分把握时代脉搏，关注现实题材和普通百姓的生活状态，从小处着手，充满人文情怀。海派纪录片依托《纪录片编辑室》这一名牌栏目，推出了《毛毛告状》《德兴坊》《大动迁》等一大批纪录片精品，创造了 36% 的收视奇迹。西部纪录片根植于西部的民族文化和乡土文化，表现出对普通民众生存状态的特别关注，在选题上往往选取人类学和自然环境类的题材。比如，获得 1991 年亚洲广播电视联盟奖的纪录片《沙与海》选取了身处西部沙漠地区的牧民和身处海上孤岛的渔民为记录对象，表现了两个家庭的坚忍顽强。西部纪录片文化内涵丰富，自觉地从文化的视角切入历史和现实，展现了西部的宗教、风俗等。在审美上，西部纪录片强调镜头的精致和唯美，镜头语言的简单、流畅。

## 二、《河之南》对提升中原文化软实力的实践探索

《河之南》是中央电视台制作播出的一部大型人文纪录片，展现了中原地区从夏代到清代 4 000 多年的文明史中辉煌的文化成就。本片通过故事化的叙事方式，将中原地区的书画、科技、武术、思想等各个方面的成就娓娓道来，用影像再现了河南文化作为中华文明的源头文化和核心文化的地位。从微观上看，电视纪录片是以电视为传播载体的节目形式，这就决定了它的语言系统主要是由画面语言和声音语言构成的，它是视听的艺术。《河之南》首次全面而真实地再现了河南的历史文化风貌。该片在尊重历史事实的基础上，在画面、解说词、音响等方面大量采用故事化的叙事策略，为我们演绎了一个个生动的文化故事，再现了历史上河南文化的波澜壮阔。

### （一）用镜头语言阐释中原文化的跌宕起伏

画面语言是纪录片的本体语言，包括构图、色彩、影调、光效等表达方式，是创作者用以构成视觉形象的各种因素和方式，是体现创作构思的各种手段和技法的总和。《河之南》以展现中原地区的政治、经济、思想文化、书画、戏曲、科技、武术等为主题，其选取的镜头与影片主题结合紧密。该片在选择镜头的时候紧紧围绕着"中原文化""黄河"的主题展开，为人们呈现出一幅幅揭秘性很强的画面。比如，在《大河之源》中，编导通过镜头记录了关于仰韶文化、炎帝和黄帝等的许多极具史料价值又不为世人所知的事实。

### （二）声音语言与画面语言交相辉映，推动情节发展

声音语言是构成纪录片的另一个重要方面，"同样具备纪录片叙事、抒情、表意的功能，是纪录片空间造型的重要手段，与画面同步一体化地记录生活原生态及其完整过程，并成为再现生活流程的主要因素之一"①。声音语言的表达方式主要包括解说词、同期声、音乐和音响等。解说词是声音语言的重要组成部分，具有表情达意、议论、抒情、介绍背景等作用。解说词对画面信息起到了很好的整合、补充作用。

比如，拍摄炎帝和黄帝的雕塑时，解说词恰当地补充了"他们用深邃而坚毅的目光凝视着东向的黄河，也凝视着中原大地和他们的后人们"等信息，很好地弥补了画面信息的不完整性，与画面建立起很好的逻辑关系，使观众进入影片的情境中。音乐和音响是声音元素的另外两个重要组成部分，有利于调动观众观影的积极性。

### （三）故事化的叙事方式

故事化叙事是纪录片进行艺术表现的一种重要方法，故事化叙事是指纪录片通过画面和声音的故事化叙事来建构影片，推动情节发展。"优秀的纪录片叙事手法考究、巧妙，将精彩的故事与知识性、科学性融为一体，潜移默化地去影响观众。"②《河之南》在叙事上大量采用了故事化的叙述方式，在尊重历史事实的基础上，采用了大量情景再现的故事情节，为观众讲述了多个具有一定情节的小故事，增强了影片的情节性。比如，《大河之魂》中，讲述了在中原大地上诞生的影响中华文明的主要思想家的故事。在讲述祖籍商丘夏邑县的孔子时，解说词这样说道："为了追求先王的礼仪制度，考察礼乐的来源，公元前 5 世纪的一天，孔子乘着一辆马车，到了当时的东都洛阳，面见了当时在东都洛阳图书馆当馆员的老子，虽然这次会晤的细节在历史书籍上并没有留下确切的记载，但可以想见，这次见面或许是两位哲人心向往之的事情。他们相见恨晚，但又互不认输，都被对方的深刻渊博和滔滔雄辩所折服，却又都坚信自己的思想更能解释宇宙、社会和人生。"③全片以故事化的叙事方式向观众介绍了中原大地上的历史事实。

总之，虽然《河之南》还有许多不足，如影像不够精美、过于依赖声音元素，但是《河之南》以真实为原则，以故事化为策略，积极挖掘与当代人密切相关的文化，面向市场，面向受众，为今后的纪录片创作提供了有益的借鉴。

---

① 任远.电视纪录片的界定和创作[J].中国广播电视学刊,1991（5）：69.
② 任远.电视纪录片的界定和创作[J].中国广播电视学刊,1991（5）：67.
③ 任远.电视纪录片的界定和创作[J].中国广播电视学刊,1991（5）：68.

# 第五章 中原文化建设与对外传播中的文化软实力问题

## 第一节 文化软实力建设存在的不足与面临的挑战

### 一、中国文化软实力建设存在的主要问题

中国文化软实力既是文化的国际吸引力，又是文化的内在凝聚力。一定的文化总是以某种价值为核心，某种价值总是以某种文化为载体。文化的凝聚力来自吸引力、向心力和文化价值观的凝聚力。文化吸引力是对其他国家的人们的吸引力。只有采用不同的传播民族文化的方法，使民族文化走向世界，并被世界各国人民所接触、理解、重视、认可和接受，才能真正产生文化吸引力。中国文化的吸引力不仅来自诗歌、戏剧、书法、绘画等各种文化载体，还源于这些文化载体所承载的中华文化精神。要加强中国特色社会主义文化建设，就必须弘扬中华文化。

同时，我们必须面对文化软实力建设中存在的问题，只有解决好这些问题，才能真正提高我国的文化软实力。

#### （一）软实力和硬实力发展不均衡

改革开放以来，中国经济发展突飞猛进。巨大的贸易顺差为中国的经济发展带来了足够的资本储备。但是，在文化领域，存在商业文化不足的问题。我国缺乏国际文化品牌，企业力量弱小，没有话语权。软实力和硬实力发展的不平衡性，日益威胁着中华文化的生存空间。

1. 文化软实力发展滞后

改革开放以来，中国制定了侧重于经济建设的发展战略，这造成了中国文化软实

力与硬实力发展不平衡的问题。

在我国，文化软实力的驱动力主要是政府机构、教育研究机构以及媒体。公众对文化软实力的关注是由自上而下的舆论驱动的，这种舆论忽视了公众、企业和公益组织。这种与群众分离的发展模式导致当代中国文化软实力的渗透不足，缺乏持续的发展动力。

中国拥有非常丰富的传统文化资源，但对这些资源的开发和保护还远远不够。比如，一些传统手工艺正处于后继无人的境地。这种情况对中国文化资源的生存构成了重大威胁。当前，我国文化资源开发不足主要表现在以下几个方面：一是缺乏整体表现和统一规划，掩盖了文化资源的整体和本质优势；二是盲目发展，文化资源的开发缺乏长远的眼光，只注重短期利益；三是广泛而无序的发展，缺乏对文化宏观和深刻的理解，结果造成了盲目开发。

2. 文化产业整体水平不高，"文化逆差"现象严重

尽管中国的文化产业经过几十年的发展有了很大的变化，但与西方发达国家相比，中国的文化产业发展速度低，贸易程度低，创新能力不足。

随着中国文化产业融入国际市场，宏观竞争环境发生了巨大变化。大量的跨国公司和外国文化产品进入我国市场，这影响了中国本来已经薄弱的文化产业。同时，中国的文化企业不熟悉 WTO 规则和国际惯例，在国际竞争中经常蒙受损失。总的来说，中国软实力延迟和严重的文化赤字现象不仅是现代中国的历史事实，也是当代中国的社会现实。一方面，我们必须看到中国的文化软实力正在逐步提升，并开始走上健康发展的道路。另一方面，我们还需要为持久的文化竞争做准备。

**（二）文化软实力现实竞争力不强**

1. 对科学技术在意识形态与核心价值观传播中的重大作用重视不够、管理不力

对科学技术在意识形态与核心价值观传播中的重大作用重视不够、管理不力尤其体现在对网络通信的重视程度和管理中。当前，中国互联网对主流意识形态的挑战不容忽视。网络催生了快餐文化、庸俗文化，并推动了唯心主义、享乐主义的盛行。同时，一些网站在不遗余力地传播西方价值体系和意识形态，为不良地传播西方意识形态和价值观提供了平台。从这些问题可以看出，当前迫切需要加强中国的互联网管理和治理。

2. 文化软实力不足以培养文化自信

无论用什么物质标准来衡量中国，中国都是当今世界上的大国，甚至在某种意义上是一个强国。但是，由于中国近代独特的历史经历，中国人经常在自卑和自尊之间

摇摆。但是，目前中国的文化软实力竞争力不足，还需要进一步提升文化软实力，才能增强文化自信。

## 二、中国文化软实力建设面临的挑战

自 20 世纪 90 年代初以来，世界的政治格局发生了巨大变化，"一超多强"的国际政治格局变得越来越清晰。国际政治格局的变化导致国家之间的相互依存度增加，对话与合作已成为主流。同时，国际利益的冲突加剧了。在这种情况下，中国的崛起无疑将给国际竞争带来变化。一方面，国际社会问题与中国的参与日益密不可分，中国强大的经济实力和国际政治地位使许多国家寻求中国的支持。另一方面，一些西方国家对中国持怀疑态度。这给建设中国文化软实力带来了巨大挑战。

### （一）在文化传播、话语权方面的建设任重道远

话语权是指舆论的主导力量。国际话语权是指影响舆论、塑造国家形象并通过传播，掌握和指导国际事务的能力。话语权水平反映了国家文化软实力的水平。拥有话语权意味着拥有媒体舆论和文化传播的主动性，可以积极地引导公众舆论朝着有利于自身利益的方向发展，从而形成自己被国际社会认可的国际形象。但是，当今的国际竞争越来越激烈，中国的文化传播力量薄弱，在文化交流和话语权方面，我们还有很长的路要走。

### （二）国民素质的缺憾和人才的流失

改革开放以来，中国为提高公民素质做出了不懈的努力。通过经济体制、政治体制和文化体制的改革，实施科教兴国战略，使我国的国民素质稳步提高。在文化素质方面，仅在 2004 年，中国就有 93.6％的人口实现了九年义务教育；在身体素质方面，中国公民身体健康的重要指标已接近或达到发达国家水平。到 2008 年，中国居民的平均预期寿命从改革开放之初的 68 岁提高到了 73 岁。在联合国千年发展目标中，中国是发展中国家人类发展指数最快的国家，从 1990 年的第 105 位上升到了 2007 年的第 81 位。我们公民的道德素质和文化素质正在提高。但是，我们还必须看到，虽然我国的国民素质取得了显著的发展和进步，但也存在重大缺陷。

此外，人才流失是当今世界发展中国家面临的普遍问题。在全球化时代，中国的经济发展已融入了广阔的国际市场环境中。市场经济决定了劳动力的流动性和生产资料的流动性，低薪人才向高薪地区的流动是当今世界人口流动的自然现象。发达国家拥有绝对的金融和技术优势，并主导着全球化模式。不可避免的是，工作将从发展中国家流向发达国家。

# 第二节 文化软实力在当代社会发展中的地位日益凸显

## 一、文化在促进现代社会发展中的作用日益凸显

文化生产力是党的十六届四中全会立足于党的执政能力建设而提出的一个概念，目的是强调通过文化体制改革促进生产力的解放和发展。文化生产力一词的出现反映了文化在现代社会生产力中日益重要的作用。

在现代社会中，脑力劳动和体力劳动的分工已经演化到这样一个地步：物质生产和精神生产各自成为成熟而完善的生产体系，并且两个社会生产体系正在走向融合。这种融合同原始社会的不分你我的混沌状态不同，是两个社会生产体系在独立基础上以资本逻辑推动的融合过程。在这个过程中，一方面，科学知识等文化产品作为物化的精神因素以固定资本的形式投入物质生产中，极大地提高了物质生产力水平，使社会生产从简单的劳动过程向科学过程转化；另一方面，随着物质需求的满足和人的物质劳动时间的相对缩短，人们有了更多的精神生产时间和复杂多样的精神需要。在新的物质载体上发展起来的丰富多彩的文化商品极大地满足了现代社会中人们的精神需要。现代社会的生产力的发展开始以人文精神为先导、以科学技术为依托、以文化资源为基础、以文化产业为支撑、以文化观念产品的生产和消费为支柱，文化成为经济发展的强大精神力量并运用于人类经济生活的各个领域。两个方面的精神产品都表明，在现代社会中，文化越来越成为社会生产力的关键因素，不但成为物质生产力突破性发展的关键因素，而且在满足人的精神需求和能力发展的意义上形成了文化生产力，直接构成了现实的社会生产力的重要一环。

## 二、综合国力竞争的日益加剧彰显了文化软实力

进入 21 世纪，国际竞争像以前一样激烈，并且随着不同国家资源和能源需求的增加，可用资源和土地能源的逐渐减少，国家权力的竞争开始加剧。新时期的国力竞争主要表现在对现在超出传统的狭隘领土权力的地球内外部全方位的空间争夺、对可再生新能源技术的控制权的争夺、对解决现实社会危机并率先实现持续和创造性的经济社会发展的"引领权"的争夺上。

以上这些新时期的国力竞争的种种表现都离不开科学技术的支持，离不开价值理

念、制度规范等文化因素对一国的社会经济发展、政治制度规范、军事实力增强起到的促进和提升作用。人们逐渐认识到国力竞争的日益加剧，所以要有效整合国内各种资源，提高国民素质，而这些都离不开文化软实力。归根到底，现代社会的综合国力竞争越来越表现为文化软实力的竞争。

### 三、社会主义的健康发展呼唤加强文化软实力

20世纪以来，社会主义的发展可谓波澜壮阔。俄国十月革命给全世界被压迫的人民带来了社会主义革命成功的福音。第二次世界大战后，苏联发展成为可以与美国抗衡的社会主义超级大国，为全世界社会主义国家树立了榜样。21世纪初以来，中国仍保持快速发展的势头，中国特色社会主义各项事业全面推进。

种种迹象表明，改革开放以来，中国的经济增长迅速，并得到了国内外的一致认可。从未来趋势的角度看，中国前进的脚步将继续向前迈进。首先，现有的发展成就为以后的改革奠定了良好的基础。其次，国家领导集团对未来的经济改革和发展具有清晰科学的战略思维，并有很强的执行力。再次，从国家制度的角度看，中国特色社会主义市场经济体制不断完善，民主集中制原则下的政治体制不断巩固。最后，从世界环境看，尽管不可避免地会发生小规模的冲突和摩擦，但世界范围内发生在规模战争的可能性很小。在许多国际事务中，相互依赖大于对抗。中国正在逐步树立一个负责任的、和平发展的大国形象。通过文化传播和交流，国际社会对中国的认可越来越多。总而言之，中国还将继续崛起。中国需要世界，世界更需要中国。

## 第三节　文化对外传播中受众分析不足的表现和原因

### 一、中国文化对外传播中受众分析不足的表现

中国文化对外传播中受众分析缺失主要表现在传播主体定位、传播内容选择、传播形式以及传播渠道上未能满足受众需求，忽视了受众反馈。

#### （一）传播内容选择忽视受众层次差异

我国在对外文化传播中缺乏有效受众分析的一种表现是容易将文化传播看成单向度的灌输式行为，忽视了传播对象需求，对传播受众的兴趣爱好等缺乏分析，对受众接受心理缺乏科学的揣摩，在界定传播内容和择取传播渠道上趋于狭隘，造成了文化

对外传播内容在文化类型上、传统文化与现代文化的比例上、民族文化与对象国家文化融合上的不协调、不平衡，难以满足不同层级受众的文化需求，不利于文化传播的全方位、多层次覆盖。

很多年来，我国在文化输出方面多偏重于物质和艺术文化层面，更多的是将诸如兵马俑、丝绸、茶具等呈现在外国人面前。虽然这些内容能够使国外受众了解中国文化的某一方面，但并未触及中国文化的深层内核，中国文化的独特魅力无法得到真正地体现，海外受众自然难以体会到中国文化的内在价值，难以认同中国文化。的确，仅依靠各种文化符号串接在一起不仅很难体现出中华文化的思想内核，也无法构建出中华民族真正的文化图景，而可以直接体现中国文化内核的思想文化传播恰恰是当前中国对外文化传播当中最薄弱的环节。

不仅如此，由于缺乏对走出去的文化产品的更深层次的挖掘，中华文化内容出现了一种令人担忧的潮流。以我国的影视剧发展为例，一些"走出去"的作品，文化表现层次过于浅显，或者以夺人眼球为目的，向国外受众呈现的是一些文化中的冲突、破坏、斗争的内容，过于夸大事实真相。实际上，这种类型的影视创作不仅不会获得国际上的有效关注，还是对中华文化的亵渎。

1. 传统文化与现代文化比例不平衡

中国是具有数千年历史的文明古国。她灿烂而古老的文明以其独特的魅力吸引着全世界的人们，并对世界产生了巨大的影响。中国传统文化是现代文化的基础，而现代文化是传统文化的延续。二者都是中国文化的重要组成部分，在外国文化传播中都占有重要地位。但在中国目前的文化对外传播内容选择上看，往往重视传统文化，忽略了时现代文化的发展的宣传，这一点在北京奥运会开幕式上体现得非常明显。

在 2008 年北京奥运会开幕式上，中国传统文化令世界瞩目，从日晷、缶、《论语》、活字印刷术、书法、水墨画、文房四宝、长城、瓷器、茶叶、昆曲、指南针、丝绸之路到郑和下西洋等，中国传统文化的发展脉络与代表符号得到了淋漓尽致的展现。相比之下，中国现代文化的展示就要逊色不少。解说词中的"现代中国的风采"分为星光、自然和梦想三大篇章，但在这三大篇章中，第二篇章中的太极拳表演仍属于中国传统文化，而其余部分中的钢琴曲弹奏、电子"鸟巢"的搭建、飞天梦想的展现，虽然种类还算丰富，表演依旧精彩，但与之前的传统文化展示相比较，中国现代文化始终没有得到清晰的呈现。

2. 本民族文化与当地文化缺乏融合

一般来说，跨文化交流过程中的受众有三种解码方式，首先是与编码完全一致的"符合主流霸权"的解码方式，其次是与编码某些内容一致的"协商式"解码方式，最后是与编码内容完全相反的"对抗式"解码方式。由此可见，中国文化对外传播如果一味从传播主体的角度进行编码，缺乏对目标受众解码方式和文化背景的分析，国外受众就有可能因为文化背景的差异对所传播的内容以"协商的"甚至"对抗的"解码方式误读，不仅达不到预期效果，还会给之后的跨文化交流带来新的阻碍。

事实上，传播是双方面的，传播效果并不是仅靠一方就能达到的。当面对他国文化传播时，受众具有主动性，他们对他国文化信息文本的认知过程也是他们将其与自己本身的文化背景相协调的过程。文化内容始终是能使作品成为永生的唯一力量，而文化内容也是中国文化精神的集中体现。中华文化在对外传播中应注重对文化内容价值观层面的把握、创新对外传播文化类型、紧跟时代发展的脚步、详细了解当地的人文环境，只有这样才能更好地满足受众需求，才能散发出持久的吸引力。

### （二）传播形式选择忽视受众兴趣和接受心理

英国哲学家阿弗烈·诺夫·怀海德也曾表示："当我们越了解中国文化，就越钦佩中国文化与中华民族。"来自不同国家、不同机构的各种民意调查数据都表明，中国作为一个大国的崛起的事实受到了相当多国家民众的认可或欢迎。但不可否认的是，中国在世界各地频繁地举办各类文化活动，在受到广泛欢迎的同时，也由于某些环节上的失误，降低了传播效果。例如，多年以来，无论是通过何种组织，交流何种类型文化，歌舞表演、文化展览都是我国文化对外传播的主要形式。虽然这两种形式具有观赏性高、内容展现丰富等诸多优势，但长期不加创新的重复难免会降低受众的兴趣。加之对国外受众分析的不足，很多优秀的中国文化找不到合适的表达形式，导致国外受众对中国文化内涵了解模糊，降低了中国文化表现形式的观赏价值。

除此之外，传播形式分散、不同的文化类型缺乏联系、缺乏传播整合效应是我国文化对外传播中的又一弊端。反观美国文化，从汉堡包、肯德基，到牛仔裤，再到美国大片，虽然它们分属于不同的文化类型，但都从某种角度宣扬着美国的一些共通理念，如崇尚自由、追求民主、崇尚冒险等。

实际上，对外文化交流在形式上要为外国人着想，用外国人最能够接受的形式，让外国人看得懂，了解内涵；文化交流应该是多种形式的，是丰富多彩的，因此要改变目前比较单一的这种状况。①

---

① 赵启正.公共外交与跨文化交流[M].北京：中国人民大学出版社.2011：41.

### （三）传播渠道选择忽视受众的取向和习惯

在人类历史上，文化传播的途径主要有各种形式的人员往来、贸易、宗教、战争，等等。其中，人际交往是最重要的途径，包括政府外交、留学人士、旅人、移民等。所以，文化对外传播的基本形式是人际传播。如今，除了国家媒体的官方宣传，范围广、速度快、影响大的大众传播成为中国文化对外传播的主要媒介，《人民日报》《中国日报》、新华社等官方媒体也成为中国向世界发声的主要角色。但不可避免的是，官方媒体宣传有其特定的局限性。一方面，文化传播过分注重文化的意识形态属性，传播渠道选择就会很容易陷入单一化；另一方面，国内虽不缺探索文化传播之路的文化传播机构，但是它们大都缺少沟通，力量分散，无法形成整体优势。

缺乏整合造成的另外一大弊端是在处理突发事件的时候，中国媒体往往不能做到统一口径、互为补充，某些媒体还为博得关注度不惜以讹传讹，导致国内外谣言纷飞，抑或集体失声，引起国外媒体和民众的猜忌。殊不知，文化精神恰恰也可以体现在处理重大危机事件上。因为通过一个国家处理危机事件的方式，体现出来的不仅是一个国家强大的传播实力，还是这个国家深厚的文化底蕴。

总之，传播内容选择、渠道整合、形式上的不足等造成了中国文化对外传播的片面性。如果缺乏对这种传播效果的有效分析，不能及时根据受众要求做出改变，一味注重规模、数量，必将陷入某种恶性循环。因此，在中国文化对外传播过程中，不能只考虑单一方面的发展和创新，应形成基于整个对外文化传播框架的全局意识，这样才能真正理解群众的文化需要，真正理解对外文化传播的精髓，掌握应有的正确方法，取得良好的传播效果与预期的成效。

## 二、中国文化对外传播中受众分析不足的原因

造成中国文化对外传播中受众分析缺失的原因是多方面的，既受到来自国内政治意识形态和传统交流理念的影响，又受到国际受众调查难度大等客观因素的制约。

### （一）"传者为中心"具有较强的政治性与宣传性

作为传播活动的中心环节之一，传播者控制着传播内容，而传播者又受到社会环境的制约。的确，我国的对外传播机构，如中国国际广播电台、新华社对外部、中国外文局、中央电视台国际频道等，在塑造良好的国家形象上发挥着无法替代的作用。但不可否认的是，传媒系统与政治系统的高度一致性也存在一些弊端。

此外，中国的新闻传播事业对传播效果的追求不像西方商业媒体那么迫切，因为它们大都是由国家投资创立的，加之传播效果是无形的，所以难以量化。然而，在社

会背景、国际背景不断发展变化的今天，在全球一体化语境下，我国的文化对外新闻传播不仅仅要重视其塑造良好国家形象的战略主导性，也要重视其和谐性与服务性。

### （二）传统交流理念的影响

从历史上看，中国文化发展绵延悠长，但中国文明同时具有较强的内向发展特点。与西方征服世界的欲望相比，中国人古代修筑长城是为了将自己与外界隔绝起来，而不是为了向外界进攻；中国近代的开放也是在西方坚船利炮的逼迫下进行的。与此相应，中华文化在海外大范围主动传播的机会较少，但对传入的他国文化的整合力却非常强大。中国古代文化本质上有着一定的民族中心主义倾向，这是一种认为自己所属的文化群体优先于所有其他文化群体的信念。它体现为一种民族优越感，导致个体更加倾向以本民族文化价值为衡量标准去理解其他文化。强调自我，忽视受众的传播理念，正是这种特有行为方式和态度的表现之一。

### （三）国际受众调查难度大

国际受众调查难度大是由其复杂性、多变性和难以确定性所决定的。其中，复杂性主要体现在国际受众一般住在不同的国家，有着不同的文化背景和意识形态差异。想要充分了解他们的生活状态并非易事，需要投入大量的人力、物力，这些都使国内媒体难对国际受众进行准确定位，无法形成明确的受众群划分。另外，国际受众所接受的信息主要来自所在国的媒体，对他国媒体接触相对较少，而他国媒体即使获得了一些受众调查结果也往往不对外，更多的是处于一种"保密"状态，能为我国对外传播媒体所用的少之又少。加之国际受众还具有多变性，其所在地并不是一成不变的，而随着所在地的改变，其媒介使用习惯或者意识形态也可能会发生某些改变，这又给国际受众调查带来了新的挑战。

# 第六章　中原文化创新建设与对外传播策略

## 第一节　加强中原文化的内容创新和教育传承

### 一、坚定文化自信，推进中原文化强省建设的内容创新

为了促进社会主义文化的伟大发展和繁荣，必须坚定文化自信，进一步解放思想，推进中原文化建设。首先，将中原文化建设放在经济全球化的大趋势上，与世界各地的文化进行竞争比较，并将其置于全国文化发展的总体模式中。其次，本着务实的态度和创新精神，紧密结合河南经济社会发展现实，充分发挥中原文化资源的比较优势和竞争优势。再次，适应当地条件。适应当地条件意味着河南的条件决定了河南必须建设成为低成本的文化大省和文化强省。

### 二、中原文化建设要树立"以人为本"的教育理念

要想实现中原文化的繁荣发展，就要坚持以人为本，捍卫人民群众应有的基本文化权利，保障人民群众的文化权益，使群众共享文化发展成果。第一，坚持以人为本，必须提升文化产品和服务的供给能力，满足人民群众不断增长的精神文化需求。将保障人民群众的文化权益放在第一位。繁荣文化市场是文化建设的重要任务，要巧妙利用现代科技手段，满足大众的新需求。第二，坚持以人为本，要尊重我国人民的主体地位，切实以人民为文化建设的主体和主要参与者。鼓励人民群众积极主动地参与到当地的文化建设中去，发挥他们的创造力。我们也要谨记，进行文化建设时应该靠近群众，依靠群众，从群众中寻找思路，寻找谋划的灵感。积极听取群众的建议和

意见，让群众对发展成果做出真实判断。第三，坚持以人为本，还要注重了解人民群众的文化需求，以达到尽快并准确地解决现实中直接涉及群众利益的问题。

### 三、实现中原文化的大开放、大创新、大团结

促进中原文化的伟大发展和繁荣，要求我们在文化发展中必须实现大开放、大创新、大团结。将河南变成一个文化大省，绝非一朝一夕的事。

我们必须把建设文化强省看成系统工程，在传承中原文化的同时，加强对先进文化、创业文化、创新文化、和谐文化的研究，在深化改革、拉动消费、培养人才、依托科技、打造品牌、创新政策等方面实现联动，以此推动河南文化的发展。坚持以文化创新推进文化建设，就需要我们总结前辈探索出来的文化建设经验，吸取失败的教训，完善工作体系，优化管理方式，用适合文化发展、适合艺术气质培养的方式进行文化建设，以提高文化建设的水平。要深化文化体制改革，支持公益性的文化产业，支持文化创新，创造良好的文化建设环境。发展文化产业，扩大文化市场，提高我国文化产业的核心竞争力。推进文化机制创新，同时助力各类创新活动。建立以文化企业为参与主体，以市场为导向，产学研相结合的文化创新体系。把企业发展成文化创新中的投入主体、实施主体，把文化与科技、产品和市场结合起来，以此满足人民群众新的文化需求。创新文化内容，丰富文化表达形式，促进各类艺术形式与文化活动相结合。主动借助声、光和电等工具提升传统文化表现力。学会利用新的科学技术手段开发更多的民间优秀文化资源。改造传统文化产业，催生新的文化业态，大力发展文化创意、文化博览、动漫游戏、数字传输等新兴产业，加快构建传输快捷、覆盖广泛的文化传播体系。

我们有必要继续支持开放型文化建设。历史上有"文人相轻"一词，但是在现实生活中，我们要发展中原文化，就必须做到"文人相重"。总之，就是要以社会主义文化建设理论为统领，融入开放、创新与团结等重要因素，实现文化的发展和建设。河南的文化建设工作既要做到与时俱进，又要守住我国的文化脉络，不负历史使命，建设中国特色社会主义文化。黄河翻滚着厚重的泥沙，但是没能掩盖古老的文明。时代向前，我们希望能在历史中留下足迹。我们坚信，河南提出的文化强省计划一定会带动河南周围文化以及文化产业的发展，助力中原崛起。

# 第二节　创新中原文化的传播途径

传播途径和内容一样都需要受到高度重视。只有在途径上的创新跟上了步伐，才能让中原文化的传播内容更加深入人心，面向未来，走向世界。一些西方资本主义国家利用文化传播途径宣扬自己的主流文化和带有政治意图的价值观念，以文化的方式来达到对其他国家和民族文化、观念、意识的改造，希望达到文化殖民和和平演变的目的。这对国家安全、民众生活造成了巨大的冲击和危害。在全球化和网络化加剧影响人类工作、生活的背景下，如何发挥好互联网在中原文化传播中的作用，党和政府应给予高度关注和重视。

## 一、大力加强规范网络文化建设

从目前的发展状况看，互联网对社会成员，特别是对青少年受众群体的文化认知和人生价值观形成的影响和作用不可小视。因为文化中包含各种各样的信息，而互联网能够达成较好的传播效果。谁在信息时代掌握了对媒体和互联网的核心主导权，谁就能实现长期有效的文化影响与传播。互联网作为现今人们生活中不可或缺的物质条件，跨越了国界、空间、语言等存在于现实生活中，以高效、高速的特点传播着文化信息，对人类的生活方式、思维方式产生着潜移默化的影响，进而慢慢地改造受众的世界观、价值观、文化观。

加快信息在受众群中的流转速度，除了在内容的选择与定位上需要精准外，在传播模式上也要转换，如此才能跟上时代发展的步伐。将信息主动推送进受众的视线，可以借助网络社群的影响力扩大受众目标，但要对互联网等新媒介的信息进行慎重的筛选。如今，网络上传播的个人主义、拜金主义、享乐主义等消极价值观日益盛行，使中华文化的对外传播与交流受到严重干扰。互联网文化产业工作者首先要提高自己的社会责任感，把市场的冲击、经济利益的分割看得轻一些，把国家利益和民族精神看得重一些，甚至摆在首位，勇于承担社会责任，把互联网文化建设与传播中华文化统一起来。其次要加强对互联网技术的开发和利用，提高"硬件"质量，完善基础设施建设，增强对互联网的控制力和不良信息传播的屏蔽能力；制定完善配套的网络法律法规，做到有法可依，有法必依，以法律来规范互联网文化传播。

## 二、增强媒介与政府的有效配合

文化传播有着明显的政治特点。文化在传播和交流过程中，需要党和国家以及各级政府部门的支持。加强媒介和政府的有效配合，可以让文化的传播速度变得更快、传播的内容变得更多、传播的范围变得更广。第一，政府管理者要充分认识到文化和文化相关产业的重要性。只有在思想上充分认识了文化的重要性，才能在工作和管理上正确指导媒体建立健全和完善各项文化的传播机制。第二，各级政府要充分支持和改善文化传播工作的物质条件，搞好包括电视、广播、网站、各类学校和文化中心、博物馆、图书馆、文化馆等对外文化传播渠道的基础设施建设，全面优化和保证对外文化传播环境。第三，在文化传播的机制方面，要坚持党对媒体管理的根本原则，遵循信息产业发展规律和社会主义文化建设规律，建立和完善文化传播制度，在一定范围内实现政府职能的转变，改变原有的保守的行政管理方法，建立新的有弹性的宏观调控机制，放手探索对外文化传播新模式。第四，在对媒介的管理体制上，要根据不同的条件和发展要素加快建立较为完善的相关法律法规，加强行政监管、行业自律，不断提高对外信息的传播质量，达到高效的传播效果。

## 三、重视微博、微信等新兴数字媒介对文化传播的重要影响

广播、电视、报纸等传统传播媒介的组合跨越，催生了适应社会发展的新媒介。智能手机、平板电脑等数字产品的出现和相关技术的应用，使微博、短信、微信等数字媒介抢占了传统文化传播媒介的受众群体和受众份额。特别是智能手机作为互联网和手机的结合体，在人类生活中快速普及。不可否认，这是人类科学技术对生活需求的又一次突破，它产生的传播效应必须受到重视。可以说，受众通过智能手机去了解包括文化信息在内的各种信息已经成为一种时代的潮流。

但是，社会制度、价值观念、个人喜好的参差不齐，让不同的信息种类和错综复杂的内容的传播效果参差不一。所以，我们要结合时代潮流的发展，保障国家的核心利益，处理好受众的精神文化需求和信息传播的关系，同时利用好这些新兴技术，让文化走出去，同各类新媒介、新科技碰撞出新火花。

## 第三节　受众接收机制下的中原文化对外传播策略

### 一、以受众分析为依据的双方互动策略

受众与传播者之间是相互联系、相互影响的关系，传播者与传播对象都是传播过程中不可缺少的重要因素，没有受众的传播者，即使有再好的传播内容，再灵巧的传播渠道，也会变成涸泽之鱼，生存难以为继。同样，没有信息的传播者，受众也会成为井底之蛙，难以获悉有效信息。因此，传播过程中有效的传受双方定位以及合理的互动可以密切传受双方的关系，对传播效果有很大的促进作用。

#### （一）多主体协调合作完善传播者选择

文化对外传播不只是一个组织或者国家战略层面上的规划，作为炎黄子孙，我们每一个人都是一本"中国读本"，每一个人都是一个文化使者，这样的文化自觉与文化担当应该为每一个中国人所牢记，只有这样，才能在搭建对外文化传播桥梁的时候合众人之力，促进我国对外文化传播战略的顺利践行。

除了本国人民之外，还有两类比较特殊的群体也在我国的文化对外传播中发挥着重要作用，即海外华人和在华友人。这两类群体虽然身份不同，但在跨文化传播交流中，他们有着一个十分类似的共同点，即同时接触着两类不同的文化形态——本国文化和居住地文化。由于长时间的耳濡目染，他们几乎可以在保留自己文化的同时，融进另一种文化氛围中，这样的特殊背景让他们成为跨文化交流中不可缺少的搭桥牵线者。从本书的调查访谈结果来看，这两类人确是比较合适的跨文化传播者。

另外，对海外受众而言，外籍专家的观点往往更具影响力和说服力，可以有效地影响受众，增强外宣效果，因此也有很多在华外籍人士以国际化的视角为一些中国媒介撰写稿件，他们用符合海外受众阅读习惯的地道语言和行文方式描述了他们亲历中国文化的具体感受，生动地展现了中国文化的魅力。例如，《中国日报》的文化报道版面就经常刊发外籍人士的稿件，效果明显。

#### （二）围绕受众反馈增强传播双方互动

对传播对象划分层级以及明确对外文化传播者类型之后，如何展开这两类群体的良性互动成为达到预期传播效果的关键。积极与国外受众展开沟通交流，不仅可以了解受众的文化诉求，还可以得到他们真实的交流感想，从而根据这些反馈找到让国外

受众喜闻乐见的文化传播形式。例如，在文化活动举办前，主办方可以邀请当地的学者和受众参与其中，对内容和方式提出建议，结合当地人的建议创新文化表现形式；也可以在活动筹备前利用资料搜集法，在互联网上整合类似文化活动的经验，这就可以在很大程度上避免由于文化背景差异在活动开展过程中遭遇不必要的误会；还可以邀请当地文化团体合办文化交流活动，或是积极参与他国举办的文化交流活动。

除此之外，我国的文化传播媒体也可以直接在国外社交网站上与外国受众展开文化交流，如人民网在脸谱上的英文账号累计被关注数达 61 万，《中国日报》美国账号累计被关注数达 51 万，后者在美国推特账号的关注度也达到了 26 万，在亚洲媒体的账号中遥遥领先。人民网俄文频道还在俄罗斯最大的社交网站 VK 上开设账号，积极与当地人展开互动交流。

总体来看，积极与受众互动并不只是一种表现在外在的活动口号，也没有固定的行为模式可以照搬照用，只有将这种与受众积极互动交流的意识作为文化传播活动的重要内容之一，才会真正找到对外文化交流活动中的互动契机，让国外受众更真切、更自然地体会到中华文化的博大精深。

## 二、以受众需要为标准的内容选择策略

根据"休眠效果"理论，信源的可信性对信息的短期效果具有极为重要的影响，中国形象的构建、中国国际地位的提升，都为我国的文化对外传播创造了良好的契机，但从长期效果看，起决定作用的还是内容本身的说服力，那些令受众迷惑的、感兴趣的、与受众利益密切相关的信息往往可以得到更多的关注。五千年的发展历程为中国披上了神秘的面纱，自古以来不乏来华探秘的外国人士。而今，随着中国在世界舞台上的地位的提高，又有越来越多的外国人将目光投向这个古老的东方国度，他们有的被中国古老的文化所折服，有的惊叹于中国当代经济、科技的飞速发展，还有的被中国多民族的人文风情所吸引。总之，国外受众对中国文化的兴趣点是不同的。

### （一）以物质文化和艺术文化搭载思想文化

无论是我国古代的丝绸之路还是今日出访国外的各类文物展览，不难看出，物质文化方面的传播一直是我国对外文化交流的重要部分。但不管是物质文化还是艺术文化，都具有多种多样的表现形态，国外受众可以通过丰富的文化表现形态了解其中内涵。虽然物质文化与艺术文化是重要的思想文化表现形式，但终究要以思想文化为核心内容。我们应该将思想文化作为多种文化表现形态的核心。国外受众只有从心里接受了一个国家本质的思想文化，才能完全接受这个国家带来的物质文化和艺术文化的

表现形式，了解其深层内涵。所以，我们要建构以思想文化为主体、以物质文化和艺术文化为两翼的文化传播系统。

因为物质文化和艺术文化的表现形式更容易让人接受，理解起来也更有趣，所以这两种文化形式是不可或缺的，但也要注意突出其思想内涵，在进行文化传播的过程中，要解释中国价值观与受众所在国价值观的共通性。每个文化传播工作者都应该思考怎样让文化表演形式更深入人心，怎样让这些文化精髓引领受众日后的行为，真正达到"随风潜入夜，润物细无声"的效果。

总之，物质文化和艺术文化固然有丰富的表现形式，但是倘若忽视了其文化内涵，就和一般的艺术表演、文化展览没什么区别了。虽然中国的思想文化可以通过外在的具体形式来传播，向世界推广和展示简单意义上文化的外显模式，但不是真正有效而深远地对外传播中国文化。因为文化传播不仅是一种语言的传播或精美瓷器的流水生产线，中国文化特有的核心价值观念才是关键，这些精神元素的对外传播才是真正意义上的国家软实力的体现。

### （二）以传统文化继承为基础构建现代文化

马克思主义哲学观认为，事物都是处在不断地发展变化中的，文化也是如此。随着时代的变迁，以前盛极一时的文化因子如今可能面临着退出历史舞台的危险。与此同时，一些新的文化因子应运而生。从跨文化传播角度来说，任何一种类型的文化都具有内涵丰富的民族特征和时代特性。文化上的民族性是指不随时代的变化而变化、超越时代变换的个性特征。文化的时代特性则体现着社会实践活动所发展的阶段程度和人类本身的发展程度。在文化传播中，如果过度强调文化的民族性，忽视文化形态的发展过程，极易出现由于文化误读而影响传播效果的现象。据此，我们可以从两个角度来探讨在中国传统文化基础上的现代文化构建。

首先，中国文化本身会随着时间、国家发展环境的改变而做出转变。儒学作为我国传统文化中的经典，也随着时代的变迁几经转变，由重士转向重民，由专注正面指导人生转向积极关注人生的负面问题。就中国文化的对外传播而言，提高中国文化在海外的适应性就是要讲究对外传播的策略。比如，有些学者在文化对外传播中直接将"天人合一""仁爱""和谐"等传统思想观念介绍到国外，但很多思想内涵不能被国外受众理解。究其原因，简单的介绍至多只能引起少数专家的兴趣，只有经过现代化的提炼，文化价值观才能与人民的生活和政府的行为联系起来，才能真正产生国际影响，如在对外传播我国的儒学思想观念时，可以尝试充分挖掘儒家思想与现代人权、民主思想的相似性，张扬人的主体自觉性和创造性，实现儒家思想的现代化转型，同时增强儒家文化的对外吸引力。

其次，在文化对外传播中，他国对我国文化兴趣点也不是一成不变的。因为国际受众对中国文化符号关注的视域是处在不断变化发展中的。据某一社科项目调查结果显示，近年来，外国受众对中国食物、中国戏曲等中国传统文化符号的关注度有所下降。相反，越来越多的外国人对"中国城市"和"转型社会中的中国人"等当代发展话题表现出浓厚的兴趣。很多国外受众对中国现代文化的接触成为引发对中国国家形象的认识和评价的重要因素。从另一个角度来说，中国的发展离不开改革开放，也得益于亚洲在全球经济政治地位的整体提高。

总而言之，任何文化类型的生存都是适应社会环境的结果。优胜劣汰、适者生存，只有那些能够与处在不断发展变化中的社会环境相适应、符合人类需要的文化类型才能获得不断地传播发展。取其精华、去其糟粕式的对本国文化的自我反省，并不是自我否定，恰恰是它发展的最好动力。亨廷顿认为，中国悠久的历史文明是中国现代化发展的最大资源。21世纪的中国是否能够开创足够宏伟的格局，与中国人能否融会贯通地将中国现代化发展规划置于中国源远流长的历史文明之活水源头中是分不开的。

### （三）以受众需求为导向突出中国文化特色

中国文化走出去要以对象国需求为导向。目前，有不少在国外举办的中国文化活动侧重点是提高作者在中国的知名度，这些展览在中国被媒体炒得很火，但在举办国很少有人关注。这类活动从策划、选题、实施和推广等各环节都没有围绕对象国主流社会的需求，试问这样没有灵魂的文化活动怎能在举办地引起关注和影响？

在文化的对外传播中，只有找到国外受众的关注点，才能成功吸引他们的注意力。每个国家和民族都有自己独特的文化，经过漫长岁月的变迁，这些传统文化构成了一个国家和民族鲜明的文化与精神特征，已成为各国和各民族宝贵的财富，是它们走向未来的基础和智慧的源泉。源远流长、博大精深的中华文化积淀着中华民族最深层的精神追求，包含着中华民族最根本的精神基因，代表着中华民族独特的精神标识，不仅为中华民族生生不息、发展壮大提供了丰厚营养，也成为世界文化和人类文明不可缺少的重要组成部分。其一脉相承延续至今的独特价值观，既可以弥补西方文化思维的不足，又给人类文明贡献了东方智慧。中华文化走出去就是要建立在文化自信的基础上，就是要建立在对中华文化特色、中华文化独特价值观的自觉坚守上。只有基于这种文化自信，中华文化走出去才会彰显独特的魅力。

中华传统文化中的整体主义的价值取向和经验原则是中华文化特有的、难以复制的，其丰富了人类发展的内涵和理念，为世界文明图画留下了浓墨重彩的一笔。从中国的义利观中可以看到中华文化一脉延续，也可以看到其不断地进行自我反思和更新。义利观涉及价值观的最根本问题，即个人与群体（社会、国家、民族）的关系及物质生活与精神生活的关系问题。通常，义为公义，利系私利，义利关系其实就是一个个人和整体的关系问题。

中华民族素有文化自信的气度，正是有了对民族文化的自信心和自豪感，才在漫长的历史长河中保持自己、吸纳外来，形成了独具特色、辉煌灿烂的中华文明。同时要看到，在对待自身文化的态度上，伴随着民族兴衰、国运沉浮，不时出现"自卑自弃"和"自大自傲"两种倾向。

文化自信就是要在对民族文化正确认知的基础上，正视中西文化差异，坚守中华民族能够自立于世界民族之林所特有的精神气质，坚信中华文化延续至今的文化特质和独特的价值系统。这是中华文化走出去的信心所在。

综上所述，在进行中华文化海外传播时，想要取得良好的效果，就先应对受众进行调查了解，在此基础上决定文化传播的路径和内容，如在文化层级、文化类型和文化表现的选择上，如何融合协调传统文化与现代文化；如何加深表层文化与中层文化、深层文化的联系等。这样才能使不同类型受众的社会和心理需求得到满足，并且在使用中促使其产生新的文化诉求。

## 三、以受众接受心理为参照的形式创新策略

在跨文化交际过程中，人们总会遇到不理解和异常陌生的地方。究其原因，除了语言表达方面的影响，还有非语言因素的影响，如国民特征、思考方式、价值理念等，它们也是影响交际成败的关键因素。各国之间存在的这些文化因素的差异和空缺，统称为文化空缺。空缺现象的产生和存在是一个民族认知世界过程中相对其他民族认知世界过程的必然产物，也是跨文化交际中避免不了的现象。作为文化进化的模因理论，其在缓解交际文化空缺、创新文化传播形式上，或许大有可为。模因论中最核心的术语是"模因"，其最早出现在英国著名动物学家道金斯于1976出版的《自私的基因》中，用以解释文化传播的方式。在文化研究领域，根据道金斯的观点，模因文化信息的单位是用以表示社会中可以复制传播的语言、观念、行为。它受历史背景、社会经济发展程度、地理特点等多种因素的影响呈现出复杂多面、内容丰富的特点，其生命力顽强，遇到合适的机会和传播媒介便会大范围扩散。从模因论的视角解读，国家对外文化传播就可以理解为将一种文化模因传递到异文化环境，在异文化的

选择和淘汰中，通过模因的变异和创新来实现自我复制，使之能够超越文化鸿沟，成功生存。

由此看来，文化产业既是一个产业，又是一个国家软实力的重要体现，没有文化内容，旅游、娱乐、工业产品的附加值将会明显减弱。事实上，知识产权、自主创新和品牌受到推崇的时候，大力发展文化产业，减少文化贸易逆差，对中国实现经济结构转型意义重大。从文化传播角度看，文化企业的对外贸易具备一般商品和文化特殊商品双重属性，因而对外文化贸易有利于传播中国的文化理念，同时借助模因集群的集合效应可以提高中国文化模因在异环境中的适应力、加深世界对中国的了解，从而树立中国良好的国际形象。

综上所述，在对外文化交流和传播中，我们特别要注重文化的世界性及全人类性，坚持相互尊重、平等对待的原则，求同存异、取长补短、友好合作，寻找中国文化和世界文化的对接点和汇合点，并对当地文化进行深入研究，充分考虑受众"解码"时的社会文化背景差异。在选取文化表现类型和传播途径时，要将文化本身内涵与海外民众的兴趣和理解能力都考虑进去，结合当地的文化背景，用他们易于接受的方式来介绍中国文化，增强中国文化模因的吸引力和感召力。在这一方面，模因理论具有较强的应用性。在面对异族文化的时候，模因会通过变异与创新来实现自身的生存与传播，同时在文化交际过程中帮助人们预防、消除、尊重和理解异文化中存在的不对应现象，以不同的方式填补不同类型的文化空缺。

### 四、以拓宽受众接触面为目标的渠道整合策略

一国文化的有效对外传播是质与量的结合，需要在传播过程中精确地加以拷贝，而且拷贝的复制品数量越多，覆盖面越广，越会大大提高被他国受众接受的可能性。想要让这些文化因子最大范围地捕捉到每个潜在的受众，必须依靠多样化的传播渠道。文化的传播从本质上来说就是靠模仿和复制，无论处在哪个传播阶段，文化都需要合适的传播渠道被关注和表达，而传播渠道是否畅通直接影响这种文化在该地的生存发展状态。黄泰岩曾在以"跨文化传播中的媒介问题"为主题的第六届跨文化传播国际学术会议开幕式上指出，伴随全球化进程以及传播技术的更替与完善，人类社会的交往会不可避免地卷入网络社会塑造的全球化版图中，跨文化的表达、理解和沟通逐渐成为主体间交往、互构乃至融合的日常性社会行动。

当下跨文化传播的现状表明，不同文化之间的媒介报道是当今世界各群体相互认知的最日常化、最显性的途径，媒介在跨文化传播中扮演着重要角色。在某种意义

上，与其说受众在选择信息，不如说是在选择媒介，因为传播渠道所具有的不同背景信息会直接影响受众的选择、判断和接受度，特别是由这些因素所形成的不同类型的媒介价值观取向，也会影响到受众对媒介所传播信息的认知、情感和行为。这就导致当前许多中国的文化产品还没有找到合适的传播渠道，缺乏整合的弊端。想要达到累积传播效应，必须在文化对外传播的激烈博弈中占据主动地位，建立多元化的对外传播渠道，形成多元化的媒介价值取向，并在传播渠道的选择上加强统一指挥、统筹协调、形成合力。

综上所述，在对外文化传播中，实现传播渠道的多元化是保证有效传播的重要措施。一方面，多一种传播渠道，就给传播对象多一种选择；另一方面，任何国家的文化对外传播都不仅是政府或某些组织机构应承担的责任，还是每一个公民的责任。

参考文献

[1] 蔡帼芬 . 国际传播与对外宣传 [M]. 北京：北京广播学院出版社，2000.

[2] 陈国明 . 跨文化交际学 [M]. 上海：华东师范大学出版社，2009.

[3] 陈晓萍 . 跨文化管理 [M]. 北京：清华大学出版社，2005.

[4] 陈玉聃 . 论文化软权力的边界 [J]. 现代国际关系，2006(1)：59-65.

[5] 陈正良 . 中国"软实力"发展战略研究 [M]. 北京：人民出版社，2008.

[6] 崔婷 . 全球化与当代中国跨文化交流 [M]. 济南：山东大学出版社，2009.

[7] 单万里 . 纪录电影文献 [M]. 北京：中国广播电视出版社，2001.

[8] 甘险峰 . 中国对外新闻传播史 [M]. 福州：福建人民出版社，2004.

[9] 耿瑞玲 . 民间居住 [M]. 郑州：海燕出版社，1997.

[10] 关世杰 . 跨文化交流学 [M]. 北京：北京大学出版社，1995.

[11] 郭可 . 我国对外传播中国际受众心理研究 [J]. 新闻与传播评论，2002(1)：153-157.

[12] 韩方明 . 公共外交概论（第二版）[M]. 北京：北京大学出版社，2012.

[13] 何建平，赵毅岗 . 中西方纪录片的"文化折扣"现象研究 [J]. 现代传播，2007(3)：100-104.

[14] 胡智锋 . 电视文化新论 [M]. 北京：中国社会科学出版社，2015.

[15] 金开诚，王思博 . 中原文化 [M]. 吉林：吉林文史出版社，2010.

[16] 李庆霞 . 社会转型中的文化冲突 [M]. 哈尔滨：黑龙江人民出版社，2004.

[17] 李晓东 . 全球化与文化整合 [M]. 长沙：湖南人民出版社，2003.

[18] 李岩 . 传播与文化 [M]. 杭州：浙江大学出版社，2009.

[19] 李智 . 文化外交：一种传播学的解读 [M]. 北京：北京大学出版社，2005.

[20] 梁漱溟 . 中国文化要义 [M]. 上海：上海人民出版社，2011.

[21] 梁岩 . 中国文化外宣研究 [M]. 北京：中国传媒大学出版社，2010.

[22] 刘继南 . 国际传播——现代传播文集 [M]. 北京：北京广播学院出版社，2000.

[23] 刘继南 . 大众传播与国际关系 [M]. 北京：北京广播学院出版社，1999.

[24] 刘伟胜 . 文化霸权概论 [M]. 石家庄：河北人民出版社，2002.

[25] 鲁芳 . 图说十大民居 [M]. 北京：中国人民大学出版社，2008.

[26] 马振岗 . 实施"走出去"战略推动建设和谐世界 [M]. 北京：世界知识出版社，2009.

[27] 欧阳宏生 . 纪录片概论 [M]. 成都：四川大学出版社，2004.

[28] 任远 . 电视纪录片的界定和创作 [J]. 中国广播电视学刊，1991(5)：47-53.

[29] 沈苏儒 . 对外传播的理论与实践 [M]. 北京：五洲传播出版社，2004.

[30] 苏全有，刘桂兰 . 中原文化与和谐社会建设 [M]. 郑州：中州古籍出版社，2008.

[31] 王保国 . 中原文化遗产及其当代价值 [N]. 中国文化报，2008-6-28(3).

[32] 王沪宁 . 作为国家实力的文化：软权力 [J]. 复旦学报（社会科学版），1993(3)：93-98，77.

[33] 吴瑛 . 文化对外传播：理论与战略 [M]. 上海：上海交通大学出版社，2009.

[34] 武斌 . 中华文化海外传播史 [M]. 西安：陕西人民出版社，1998.

[35] 希光，周庆安 . 软力量与全球传播 [M]. 北京：清华大学出版社，2005.

[36] 邢勇 .《河之南》：河南精神的追根溯源 [J]. 新闻爱好者，2008 (3)：12-13.

[37] 徐光春 . 中原文化与中原崛起 [M]. 郑州：河南人民出版社，2007.

[38] 徐雯 . 汉族传统服饰图案的统一性特征分析 [J]. 装饰，2012(6)：76.

[39] 严昭柱 . 中国和谐文化建设 [M]. 北京：人民日报出版社，2007.

[40] 张国良 . 传播学原理 [M]. 上海：复旦大学出版社，2005.

[41] 张形 . 整体地区建筑 [M]. 南京：东南大学出版社，2003.

[42] 赵启正 . 公共外交与跨文化交流 [M]. 北京：中国人民大学出版社 .2011.

[43] 赵修义，汪海萍 . 文化：综合国力的重要标志 [M]. 上海：上海人民出版社，1998.

[44] 郑泰森 . 走进河南 [M]. 北京：中国旅游出版社，2001.

[45] 中共中央文献研究室，新华通讯社 . 毛泽东新闻工作文选 [M]. 北京：新华出版社，1983.

[46] 朱威烈 . 国际文化战略研究 [M]. 上海：上海外语教育出版社，2002.

[47] 庄晓东 . 传播与文化概论 [M]. 北京：人民出版社，2008.

[48] 邹德侬 . 中国现代建筑论集 [M]. 北京：机械工业出版社，2002.